Camí al benefici

Claus per al creixement empresarial

Volum 1 | 2016-2017

Oriol López Villena

© Oriol López Villena
1a edició (Setembre 2017)
ISBN: 9781521898413

Dedicatòria

A la Blanca, que sempre dóna suport a tot el que se m'acudeix i, d'aquesta manera, ajuda a fer-ho realitat.
Al Martí i el Llorenç, que, creixent i jugant, m'ensenyen com d'importants són les petites coses a l'hora de millorar.
A l'Empar i el Josep Maria, per haver-me ensenyat la noblesa de l'assessorament i la il·lusió de fer allò que un desitja.

Índex

Camí al benefici 1
Claus per al creixement empresarial 1
Volum 1 | 2016-2017 1

10 coses que he après d'escriure el butlletí "El Proactivista" 8
10 simples coses que podràs aplicar a la teva vida: 9
Com llegir aquest llibre? 10

Mentalitat 11
Els 7 principis d'una mentalitat proactiva 11
Ja penses abans d'actuar? 12
No saber on vas és sovint més esgotador que caminar grans distàncies 13
L'estratègia no es planifica, sinó que s'aplica 14
En què et pot ajudar el tennis com a professional? 15
Què hi ha de crític i de trivial en el teu dia a dia? 17
Entre el somni de guanyar i la frustració de perdre 18
No et justifiquis: vols guanyar més i punt 20
A l'agost, fes allò que t'agrada i treballa-hi tot l'any 21
Què has i què vols aconseguir el proper any? 22
Hi ha conflictes que és millor no resoldre 23

Màrqueting 25
L'estranya por al telèfon 25
El networking és l'art de la relació, i no de la venda 26

Com aconseguir un client en mitja hora 28
Has provat de trucar els teus clients més sovint? 28
Quan poses al client per davant de la teva cartera de serveis, triomfes 29
Fes que el teu negoci sigui especial per als teus clients ... 30
Si jo no, qui? 32
Els 9 factors clau de la teva primera reunió amb un potencial client 33
Què necessiten i què volen els teus clients? 34
La màgia de Disney a la teva empresa 35

Monetització 37
El descompte preventiu és un problema d'auto-estima 37
Aplaudeix les objeccions als teus preus 38
Digues NO a les bones oportunitats... i SÍ a les genials! ... 39
Un negoci de 6 a 1 43
10 raons per a no utilitzar el temps com a base del teu preu 44
Els 5 principis del VALOR 46
Voldràs patates per acompanyar? 47
Perquè el menú fa que mengis en molts restaurants i fer el mateix a la teva empresa 49
No busquis a fora el que trobaràs a casa 50

Metodologia 52
Mantenir l'equip motivat en vendre més és una qüestió de confiança 52
La màgia dels petits detalls 53
Com crear un negoci innovador 56
Si et va funcionar, per què has deixat de fer-ho? 59
No deixis que el client et digui com has de fer la teva feina 60
La mania dels entregables 61

5 consells pràctics per a gestionar la teva agenda 63
De la decisió a l'acció 64
3 passos i 1 un consell per passar a l'acció 65
3 formes d'afrontar un conflicte sobre l'estratègia de l'empresa 67
Gestionar l'agenda a picotades 69
Els 5 principis de l'Oriol per a l'acció constant 70

Mètriques 73
Com mantens el pols de l'acció en la presa de decisions? 73
El coll d'ampolla està en tu 74
Qui controla el teu sistema de control? 75
No pots fomentar el treball en equip si tens un comitè 77
Per què hi ha persones al meu equip que sembla que venguin sempre el mateix? 78
Hi ha moments en que has de dir prou 81
La guerra pel poder de la propietat i la direcció de l'empresa 82
Saps quin és el grau de tensió adequat per a la teva empresa? 84
¿Saps el que és i com pots vèncer la constant de l'empresa paral·litzada (CEP)? 85

Apèndix 88
Manifest per a una mentalitat proactiva 88
   Tindràs la relació com a base del teu negoci *90*
   Actuaràs, no reaccionaràs *91*
   Ajudaràs al client *91*
   Pensaràs cada dia *91*
   Conversaràs amb el teu client, com a mínim, trimestralment *92*
   Estimularàs les referències i les mesuraràs constantment *93*

Premiaràs al teu equip per la seva proactivitat, no per les seves vendes *93*
Res de plans, només estratègia *94*
    Existim per a *95*
    Oferim/fem/produïm... .... *96*
    Tenim èxit quan... .... *96*
    Invertirem temps, diners i esforç en *96*
    El que ens diferencia d'altres en el nostre sector és *97*

Fes-ho possible *99*
El teu pla d'acció *100*

Qui sóc i en què et puc ajudar *101*
El Proactivista *101*
    Que faig *101*
    Com ho faig *102*
Vols rebre El Proactivista cada setmana? *102*
Contacta amb mi *103*

10 coses que he après d'escriure el butlletí "El Proactivista"

El llibre que tens a les mans és un recull dels butlletins "El Proactivista" que enviat durant l'últim any, cada setmana, a empresaris i directius que volen créixer i prosperar. Sempre he tractat que sigui breu, directe i pràctic, molt pràctic. I és per això pel que m'he animat a convertir-lo en llibre, de cara a que tu el converteixis en una eina de treball que et permeti millorar els teus resultats dia a dia, ja que la clau és a l'acció. Pensa-ho bé: si actues caminant, creixeràs corrent.

Durant aquest temps, he escrit sobre estratègia, preus, màrqueting, temps, equips, proactivitat i molts altres temes, però el més important és que he après de tots ells i de totes les respostes que rebo setmanalment. Molts experts en màrqueting em pregunten si mesuro quanta gent l'obre, el llegeix o clica als enllaços i la meva resposta és manté invariable: no. I no ho mesuro, no perquè no pugui ser interessant saber-ho, sinó perquè hi ha un factor que em manté atent i m'ajuda a seguir endavant: el nombre de gent que respon el missatge per a reunir-se amb mi, donar-me la seva opinió o, simplement, per a agraïr-me'l. Quan no rebo cap resposta (afortunadament poc sovint), entenc que el meu missatge no ha aportat prou valor i la setmana següent tracto de millorar-lo.

He rebut respostes de tot tipus, he treballat amb molts dels qui el rebeu, molts m'heu donat idees fent-me preguntes i d'altres us hi heu vist reflectits directament o indirecta en allò que he escrit, però qui més n'ha après de tot el procés he estat jo. I què he après?

10 simples coses que podràs aplicar a la teva vida:

1. Aprèn de tot i tothom
2. Comparteix el que saps sense por
3. Als teus clients els hi encanta que expliquis la seva història
4. Posa exemples
5. Pensa en què diràs abans d'escriure
6. No editis
7. Fes-ho fàcil
8. El disseny no és el més important
9. No agradarà a tothom
10. No venguis, però tampoc amaguis allò que vens

Fem una cosa: mira el vídeo *10 cosas que he aprendido de escribir mi boletín*, on hi detallo cadascun d'aquests punts, per a que puguis començar a millorar a partir d'ara.

https://youtu.be/GQ6UMj6MHzw

Com llegir aquest llibre?

Aquest és un llibre-recull d'articles i això vol dir que no hi trobaràs una continuïtat. Tot i així, he classificat els articles per àrea, per a que et sigui més fàcil centrar-te en allò que consideris més important a la teva empresa.

Només un consell: al final de cada article hi trobaràs un proper pas, que et permetrà posar-ho en pràctica, així que, si vols resultats, actua, i creixeràs.

1

Mentalitat

La mentalitat de l'empresari (i també de l'equip) és un clar multiplicador dels resultats que obté l'empresa. No és el mateix afrontar un partit amb la intenció de guanyar-lo, que amb la intenció de no perdre-ho. És per això, que has de treballar en mantenir-te proactiu i amb una mentalitat basada en la abundància, i no en l'escassetat. Lideratge, direcció, equip... Tot això és part de la mentalitat que t'ajudarà a créixer.

Els 7 principis d'una mentalitat proactiva

La Proactivitat és un comportament que ha d'impregnar tota l'empresa

Molts empresaris creuen que la proactivitat és quelcom que s'escriu als catàlegs, es promociona a la web o s'ensenya en un workshop de tècniques de venda als seus treballadors quan, en realitat, la proactivitat no és més que un principi que regeix el comportament de l'empresa i el seu equip davant de la societat.

Aquest comportament pot resumir-se en aquests 7 principis:

1. Tindràs la relació com a base del teu negoci
2. Prioritzaràs l'acció davant la reacció
3. Pensaràs només en ajudar al client, no en vendre-li
4. Dedicaràs temps a pensar cada dia
5. Conversaràs amb el teu client, com a mínim, trimestralment
6. Estimularàs les referències i les mesuraràs constantment
7. Premiaràs al teu equip per la seva proactivitat, no per les seves vendes

> **Fem una cosa**: al final del llibre hi trobaràs l'informe titulat "Manifest per a una mentalitat proactiva", on hi detallo cadascun d'aquests punts, per a que puguis aplicar-los a la teva empresa.

Ja penses abans d'actuar?

Tots els empresaris amb els qui treballo accepten que pensar és molt important, però pocs busquen el moment per a fer-ho.

Pensar és una d'aquelles activitats que han quedat proscrites de l'agenda diària de molts empresaris. I no, no em refereixo a pensar com resoldre un afer d'un client o en quin tipus de persona contractar a l'empresa. Em refereixo a pensar en l'estratègia del mateix. Quan treballo amb empreses en creixement, moltes volen començar a implementar sense adonar-se que, si no posem les bases, res del que fem servirà per a millorar. Pensar forma part d'aquestes bases. Definir l'objectiu i triar el camí és cabdal i, malgrat que tothom ho veu igual, són pocs els que hi dediquen temps suficient per a pensar-ho.

Per exemple, series capaç de dir-me tres adjectius que defineixin la teva empresa en menys de 20 segons? Què t'apassiona de la teva feina? Quan faig aquestes preguntes acostuma a passar que l'empresari respon ambiguament o li costa trobar la resposta. En part per la pressió a la que sotmet una pregunta com aquesta, però en part també a que no ens parem a pensar en com definir-nos. Ens movem més per inèrcia. Per a trobar la resposta a aquestes dues preguntes segur que et calen més de 20 segons, però pensa que els primers 90 segons de la teva presentació són vitals i, com mai ningú no t'ha fet aquesta pregunta en el teu dia a dia, no t'has vist en la necessitat de respondre-la. Així que, si vols bastir una estratègia reixida per al teu negoci les hauràs de respondre; a no ser que vulguis invertir masses esforços en la tàctica del dia a dia.

Fem una cosa: dedica els propers 30 minuts a respondre les dues preguntes anteriors i envia'm la resposta si ho vols.

No saber on vas és sovint més esgotador que caminar grans distàncies

Molts clients amb qui treballo (empresaris o directius) em transmeten que se'ls hi fa feixuc el dia a dia i que no troben sentit al que fan, quan ho miren des d'una perspectiva purament estratègica. Durant els últims dies he fet esquí de muntanya al Pirineu de Girona i, casualment, he repetit la mateixa excursió dues vegades, guiat per uns amics. La primera d'elles va ser especialment dura, però no perquè físicament fos més exigent que d'altres que he fet, sinó perquè veia que ens allunyàvem del coll d'on havíem sortit i que hauríem de tornar a recollir els nens al punt de sortida. Sortir sense saber la ruta exacte que faràs és quelcom complicat, perquè no saps quan pots apretar més, quan t'has de reservar o quan és millor aturar-se. Vas guiat per algú altre i, malgrat que saps que tornaràs, el camí es fa pesat perquè no portes el control. El segon cop que vem fer l'excursió, però, aquesta es va fer més plaent. Sabíem tots on anàvem, què venia després del primer coll o com afrontar la pujada al cim següent. I aquest coneixement permetia prendre decisions sobre tu mateix, que et feien gaudir de la sortida amb molta més força que quan no sabies que et deparava el següent pas.

Què et diu això?

Tenir objectius clars per a la teva empresa i per a tu és quelcom que t'ajuda a gaudir de la teva vida, i ho saps. Tot i això, hi has de dedicar els esforços suficients per a definir-los i acompanyar-hi l'acció que els faci realitat.

Fem una cosa: pensa durant una hora en quins són els teus objectius i els de la teva empresa.

L'estratègia no es planifica, sinó que s'aplica

Quan, en una reunió del consell de direcció d'una empresa vaig escoltar les paraules "Planificació Estratègica" i els vaig dir que això no existeix, em van mirar amb cara estranyada. "Per què?" Van preguntar. Molt simple: pots planificar accions per arribar a un objectiu, però no l'objectiu en si mateix. Planificar és establir un procés pas a pas per aconseguir un o diversos objectius que, al seu torn, facin realitat una estratègia.

I la estratègia?

L'estratègia és la situació futura que vols per a la teva empresa o per a tu. Has definir-la d'una sola vegada i, a dia d'avui, amb un termini de no més d'un any. A més, s'ha de revisar periòdicament, de cara a redefinir-la si cal.

Com?

Em van convidar a participar en una jornada per startups per ajudar-los a crear una estratègia. En aquest enllaç hi trobaràs un breu vídeo on hi exposo els 5 passos a seguir per definir la esrategia de qualsevol negoci, creat o per crear.

> **Fem una cosa**: a l'apèndix hi trobaràs l'informe titulat "Res de plans, només estratègia", on hi explico com definir l'estratègia per a la teva empresa en només cinc passos. A més, pots veure el vídeo "Nada de planes, sólo estrategia" que trobaràs en aquest enllaç: https://youtu.be/NtzPEDECpus

En què et pot ajudar el tennis com a professional?

Jugo a tennis. Sí, en quedem pocs. El pàdel s'ha anat menjant el terreny i això es fa perceptible en els mateixos clubs, on les pistes de tennis van minvant mentre són substituïdes per les de pàdel. Tot i això, el tennis segueix sent l'esport amb el que he crescut i m'agrada jugar-hi sempre que puc. I, d'acord amb això, l'utilitzo habitualment com a metàfora del món empresarial, com altra gent fa amb d'altres esports i experiències vitals. Va ser Timothy Gallwey qui va escriure l'any 1974 la guia definitiva per a millorar el teu joc, The Inner Game of Tennis. Aquesta guia, malgrat el que pugui semblar, ha esdevingut bàsica en molt del que és el coaching actualment i és per això pel que avui te'n posaré un exemple que he viscut habitualment a la pista.

El tennis és un esport intens: és individual, és ràpid, els punts són curts i et permet corregir els errors a cada punt, joc i set, per a que mantinguis possibilitats de guanyar durant gran part del mateix. És un esport, però, que no et permet perdre la concentració, perquè la mateixa durada dels punts fa que un error sigui fatal. I això, probablement, és el que fa que hi hagi descansos cada dos jocs. No és un problema només de cansament físic (qualsevol dels tenistes professionals actuals podria aguantar diversos jocs seguits) sinó mental. No és fàcil mantenir una tensió i una concentració tan elevada durant tant de temps. Els descansos entre jocs permeten agafar forces, però també permeten rebaixar la tensió de cara als dos propers jocs, per a afrontar-los en plenes facultats mentals. Et sona?

A l'empresa, el dia a dia és seguit pel ritme setmanal, mensual i anual. Malgrat això, com a empresaris, mantenim un ritme de descansos basat en els treballadors. El problema és que el joc al que juguem no és el mateix i que, probablement, hauríem de tenir els nostres ritmes propis. A més, tenim la sort que no s'ha regulat mai la feina d'empresari i, per tant, podem fer-ho nosaltres a la nostra mida. Com?

- ✓ En primer lloc, entenent que no hi cap el concepte de conciliació de la vida personal i professional. Tens una sola vida, i tu la vius com vols.

- ✓ En segon lloc, amb organització. Marcant objectius, tasques i terminis per a assolir-los.

- ✓ En tercer lloc, amb disciplina. Ningú no et vigilarà ni et demanarà responsabilitats quan et toqui fer una feina, pel que hauràs de ser tu mateix qui es manté al dia.

- ✓ Per últim, amb descansos. Com en el tennis, rebaixa la tensió aixecant el cap, bevent aigua i relexant els músculs... també el cervell.

El tennis, pels que hi juguem, és un esport noble i apassionant; i és feina teva aconseguir que dirigir el teu negoci també ho sigui.

Fem una cosa: comença a pensar en com t'agradaria treballar i com creus que això podria aportar valor a la teva empresa.

Què hi ha de crític i de trivial en el teu dia a dia?
La clau de l'èxit rau en separar les accions crítiques de les trivials

Una acció crítica és aquella que afecta als objectius estratègics que t'hagis marcat personalment i professional (posar preus, trucar a un potencial client, anar al gimnàs, veure el teu fill jugar a tennis...). Per altra banda, una acció trivial és aquella que no influeix en els objectius estratègics que persegueixes (apagar un foc a la feina, atendre una interrupció, fer una feina que podries delegar…).

Com ja saps, crec que l'acció és una qüestió de prioritats, i no pas de decisions; ja que, encara que decideixis no fer res, ja estàs actuant. És per això pel que treballo amb gent que no només prengui decisions, sinó també les pugui convertir en accions. De vegades, el dia a dia fa que els negocis prenguin camins inesperats i és llavors que reconeixerem un empresari eficaç d'aquell que no ho és: els empresaris eficaços, no només saben que s'han desviat, sinó que també saben on és el camí i com tornar-hi. I això és el primer que has de detectar en cada moment:

- ✓ Saps que t'has desviat?
- ✓ Saps on vas?
- ✓ Saps com arribar-hi?

Només si tens clares les prioritats i passes a l'acció estaràs segur d'on vas; mentre que en qualsevol dels altres casos, hauràs de treballar per a no continuar donant pals de cec.

> **Fem una cosa**: quantes decisions has pres en l'última setmana? Posa-les en una llista i separa-les entre aquelles que consideris que t'acosten als teus objectius i aquelles que no tenen una influència directa.

Entre el somni de guanyar i la frustració de perdre

Entrenar, competir i aprendre és la clau de l'èxit a l'afrontar els teus reptes

La setmana passada el meu fill petit va fer la seva primera cursa d'esquí i, com el gran en el seu moment, portava dies dient-me "Si guanyo, pujaré al podi" o frases similars. Ell partia de la base de que guanyar no només era possible, sinó que era probable. No demanava quants inscrits hi havia ni si hi havia nens que esquiaven millor que ell.

Com a pare, no vols mai desanimar al teu fill, però tampoc vols que es frustri i desanimi. És per això pel que, com férem amb el meu fill gran, vaig optar per explicar-li els meus tres principis de l'esport i l'empresa:

Entrenar per a guanyar: com diuen el millors entrenadors, les medalles es guanyen als entrenaments. A les curses només s'hi va a recollir-les.

Competir per a gaudir: veure somriure a Indurain als ports de muntanya o sentir a Cruyff dient-los als seus jugadors "Sortiu i disfruteu" a la final de Wembley de l'any 92, és el que et demostra que el primer premi per a tant d'esforç és arribar-hi i que cal gaudir-ne si volem repetir-lo.

Aprendre cada dia: i no només dels errors, sinó dels encerts. Repetir allò que has fet bé és bàsic si vols arribar a l'èxit, i cal que ho analitzis i ho milloris cada dia per a triomfar.

Per cert, el meu fill petit va fer un 27è lloc a la cursa i, saps què? Vol repetir i millorar el seu propi temps.

I tu, com afrontes els reptes del teu negoci?

> **Fem una cosa**: pensa en quin va ser l'últim cop que vas gaudir després de preparar-te (p.e. una reunió amb un potencial client). Procura repetir aquesta sensació diàriament.

No et justifiquis: vols guanyar més i punt

Parla sense por d'allò que vols aconseguir i treballa per fer-ho possible.

L'altre dia li vaig preguntar a un empresari quins eren els seus objectius a mitjà termini i va respondre'm insegur que guanyar cent mil euros l'any. Acte seguit, va començar-me a explicar que tenia tres fills a qui volia portar a la universitat, que havia de pagar la hipoteca de la casa que havien comprat i que portava uns anys fent esforços però que ara creia que podia augmentar-se una mica el seu sou.

M'hauràs sentit parlar algun cop de la metàfora de la mascareta d'oxígen als avions: les normes de seguretat ens diuen que primer te l'has de posar tu abans d'ajudar els altres, ni que siguin nens. I aquesta metàfora em serveix per a explicar que, en un negoci, el primer ets tu, com a empresari. Si tu no estàs bé, la resta no funcionarà. I, dins d'aquest "estar bé" hi ha el retorn que n'obtens, però també el temps lliure que et cal per a mantenir-te fort físicament i mental.

Voler que el teu negoci t'aporti més diners a casa per a dedicar-los allà on et plagui no és res dolent ni il·legítim, i cal que te'n convencis i diguis amb fermesa el que vols. Oi que si les coses van mal dades seràs el primer a sacrificar-te?

I no, no és un tema només de diners, també has de mirar pel teu propi negoci abans de pel dels altres, i que el teu equip estigui bé, si vols que els teus clients també ho estiguin. Tot té un ordre: tú, el teu negoci, el teu equip i els teus clients.

> **Fem una cosa:** si tot fos possible, com t'agradaria viure la teva vida?

A l'agost, fes allò que t'agrada i treballa-hi tot l'any

El mes d'agost és més de vacances per a molts empresaris. Després d'uns mesos on la feina segueix un *in crescendo* a voltes estressant, arriba el moment del gaudi. Molts empresaris als que ajudo em demanen que aturem el meu servei durant aquest mes i d'altres el volen mantenir per a aprofitar el temps. La veritat és que ambdues visions parteixen d'un error de base: "el mes d'agost el tinc lliure".

Com m'has sentit dir moltes vegades, no hi ha conciliació de la vida personal i professional perquè només tenim una vida i nosaltres triem com prioritzar el temps que hi tenim. Els festivals d'estiu dels nens són els mesos de maig i juny, en plena campanya de rendes pels assessors fiscals (per exemple); i la temporada esportiva té el moment àlgid entre els mesos de gener i juliol.

Accepto, però, que per a la majoria d'empresaris el mes d'agost és el mes de les vacances i, per tant, t'animo a reflexionar les bases del que serà la teva estratègia a curt, mitjà i llarg termini. I no, reflexionar no vol dir asseure's davant de l'ordinador a fer un pla estratègic, sinó simplement a fixar-te en què fas quan pots triar. El mes d'agost el tens lliure, oi? Doncs fixa-t'hi bé en què tries fer que et fa gaudir i pensa com aconseguir fer-ho sempre que ho vulguis, sigui el mes que sigui.

Un cop ho tinguis clar, sabràs on vols arribar i serà el moment de definir com arribar-hi.

> **Fem una cosa**: gaudeix de l'agost, però no et sentis malament si penses en la teva empresa... sempre i quan sigui sobre estratègia i et faci sentir bé

Què has i què vols aconseguir el proper any?

Espero que hagis passat un fantàstic dia de Nadal. A Catalunya avui és festiu i és per això que hi ha gent que pot pensar que no correspon treballar. Com ja saps, defenso que no hi ha dues vides a conciliar, sinó una de sola a viure. És per això pel que avui escric: m'agrada.

Així i tot, no puc evitar pensar que estem en una setmana de balanç que molts aprofiten per fer propòsits de cara a l'any que ve. I, és per aquesta mateixa raó per la qual et recomano que afegeixis la següent rutina al teu setmana: planifica el teu 2017 tenint en compte dos aspectes: allò que has de fer i allò vols fer.

Com?

Agafa la teva agenda, digital o en paper, i comença a bloquejar aquells moments importants en la teva vida que no vols perdre't per res del món. Pot ser el sopar d'aniversari amb la teva parella, el viatge que vols fer o els partits de tennis del teu fill, per exemple. Assenyala'ls a la teva agenda com una cita, perquè ningú pugui moure'ls.

Tot seguit, dibuixa en un paper 4 columnes. A la primera, escriu els teus tres principals objectius per al proper any. Poden ser arribar a una xifra de facturació, tenir una setmana més de vacances o escriure un llibre, per exemple. A la segona, enumera els passos que hauries de dur a terme per a cada un d'ells: trucar a més potencials clients, pensar nous serveis per als teus clients actuals o publicar un bloc, entre d'altres. I llavors, en la tercera, escriu la data en què els hauries de tenir fets i afegeix-la a la teva agenda com una tasca. Finalment, en la quarta columna, escriu allò que necessitis per a aconseguir-ho i que no tinguis encara. Si és una cosa que tu mateix has d'aconseguir (temps) considera-ho com un objectiu. Si és una cosa externa (ajuda externa, formació ...) defineix-com un proper pas (trucar, apuntar-me ...).

> **Fem una cosa**: bloqueja a la teva agenda una hora setmanal per a fer el que hagis escrit al quadre anterior.

Hi ha conflictes que és millor no resoldre

A totes les empreses hi ha conflictes i, malgrat que sembli el contrari, no tots s'han de resoldre.

Un cop un empresari em va dir que tenia dos treballadors que estaven barallats i que si podia ajudar-lo a resoldre-ho. Li vaig fer dues preguntes sobre el conflicte

- ✓ Malmet l'empresa?
- ✓ T'importa?

La resposta a les dues preguntes va ser NO, que era un conflicte personal entre dos treballadors i que no havia influit de cap manera ni en els seus companys (que ja sabien que no es suportaven), ni en ell (que dormia tranquil) ni en l'empresa (ja que professionalment funcionaven). Sí, és cert que en un món perfecte, tothom es portaria bé també a la feina, però això no és un món perfecte, així que li vaig respondre que no calia que ens hi poséssim i que, posats a ajudar-lo, tenia reptes més prioritaris, que l'afectaven a ell i als resultats de l'empresa.

La resolució de conflictes és quelcom que, per com es desenvolupa (discussions, mal-estar, violència...) fa molt de rebombori però, a la pràctica, no sempre té conseqüències greus i, per tant, cal posar-la on correspon. Concretament:

- ✓ Si no malmet l'empresa no hi ha res a resoldre, i
- ✓ si no t'afecta, no hi ha conflicte.

Amb aquesta premisa, gran part dels conflictes que sorgeixen en una empresa podrien acabar-se per inanició, simplement perquè ningú no els hi dóna més importància de la que tenen i acaben morint per manca de protagonisme. Ara, si la resposta a qualsevol de les dues preguntes és SÍ, llavors cal posar-s'hi immediatament, ja que la seva continuïtat podria afectar a la salut de l'empresa i de les persones.

Fem una cosa: pensa en l'últim conflicte que has viscut a la teva empresa i analitza si cal o no cal resoldre'l

2

Màrqueting

Siguis en el sector que siguis, el teu negoci és el màrqueting. I, quan abans ho reconeguis, abans començaràs actuar sobre la base d'aconseguir més i millors clients.

L'estranya por al telèfon

T'has trobat mai enviant un email a un potencial client sabent que el millor és trucar-lo?

No ets l'únic. Molts empresris, fins i tot els que treballen habitualment parlant en públic, tenen una por atàvica al telèfon quan es tracta de màrqueting. Se senten incòmodes trucant un client i demanant-li referències; o violents trucant un potencial client per a demanar-li quina de les opcions de la proposta que li han enviat li agrada més. El problema és que, encara que no t'ho sembli, estàs en el negoci de les relacions i, si no les cultives, al final ho patiràs. És més, saps perfectament que una trucada desencalla negocis i aclareix termes; i ho saps perquè ho has comprovat quan no n'has tingut més remei. Però, tot i així, insisteixes a enviar un email quan la conversa et resulta incòmoda; i les converses et resulten incòmodes quan es tracta de màrqueting o de preus.

Per a resoldre-ho cal organització i disciplina:

- ✓ Aclareix de bon principi quin dia i a quina hora trucaràs, escrivint-ho a l'email al que adjuntes la proposta o comentant-ho al final de cada conversa;

- ✓ Tracta les trucades com si fossin cites, escrivint-les a l'agenda i bloquejant aquell temps necessari;

- ✓ Prova de fer-les a primera hora del matí, quan encara no se t'hagi complicat la jornada.

- ✓ I, per últim, premia't si t'ha estat difícil: compra't aquell llibre que desitjaves, ves a fer un passeig o fes un bon dinar.

Fem una cosa: Reserva't una estona cada dia per a fer trucades. Te n'adonaràs que, quan les ajuntes en un sol moment del dia, millores en la seva gestió, obtens millors resultats i les afrontes amb més seguretat.

El networking és l'art de la relació, i no de la venda

El networking és l'art d'establir relacions honestes amb persones a les que puguis aportar valor, però molts empresaris s'entesten en veure-ho com un simple acte de promoció i/o venda de productes i serveis. De fet, van a sopars, reunions, gales, conferències o congressos disposats amb les seves targetes, portfolis i preus al cap, disposats a vendre més que mai; en canvi, els empresaris més reeixits simplement porten les seves ganes de conèixer gent, mantenir una conversa agradable, d'interès sincer en l'altre i basada en construir una relació més que una venda. I això és així, fins i tot quan l'esdeveniment l'organitzes o patrocines tu.

Un assessor fiscal al que vaig ajudar em preguntava fa un temps que què havia de lliurar a la taula d'empresaris amb els que s'asseuria en un acte que patrocinava. Sigues diferent! No vagis a vendre, sinó a aportar valor en tot moment. Per això, el meu consell va ser directe i el primer que li vaig recomanar va ser que gaudís del sopar. A partir d'aquí, pregunta i escolta molt, que et parlin de les seves empreses, dels seus reptes... Si et pregunten (o si fas d'amfitrió i has de presentar-te) digues-los en què ajudes empreses com la seva, anima'ls a conversar sobre com veuen ells l'èxit empresarial i, si volen saber més, defineix un proper pas amb ells: concertar una cita, trucar-los, enviar-los un email amb alguns consells sobre el tema tractat... Sempre amb una màxima: recull més targetes de les que lliuris.

I diràs, no ha contestat a la pregunta principal: ¿què hauria lliurar-los a la taula?

Dos exemples:

- ✓ El teu llibre o un informe amb consells;
- ✓ Un foli de bona qualitat i ben dissenyat, on compartir un decàleg de consells ràpids per a les seves empreses, així com les dades de contacte del teu despatx. I, ja de pas, anima'ls durant el sopar a explicar què hi afegirien ells a aquestes dues llistes.

> **Fem una cosa**: pensa en el teu proper acte social i prepara dues o tres preguntes que vulguis fer-li a un potencial client o referenciador.

Com aconseguir un client en mitja hora

Fa dues setmanes vaig reunir-me amb un dels grups d'empresaris a qui faig de mentor i, al final de la reunió, vaig explicar una història real sobre com vaig aconseguir un client per al meu despatx en només 30 minuts.

> **Fem una cosa**: envia'm un email a oriol@oriolopez.com i t'enviaré l'àudio amb la història sobre com la velocitat de resposta por aportar-te clients, si ets proactiu.

Has provat de trucar els teus clients més sovint?

Descobreix com 15 minuts al dia poden canviar la manera de relacionar-te amb teus clients

Pensa en el teu millor client. En aquell amb qui gaudeixes treballant i que valora realment els teus productes o serveis. Ja ho tens? Ara pensa en què és el que fa especial aquesta relació. La majoria de vegades que demano de fer aquest exercici, els meus clients em responen que el contacte és el que el fa especial. El contacte amb el client és cabdal en els negocis i sovint és apartat per manca de temps i/o mandra. Entenc que no pots reunir-te amb tots els teus clients cada mes, però sí que hauries de tenir un sistema que et permeti replicar aquests moments dolços en el dia a dia. I com fer-ho? Doncs planificant un sistema de comunicació amb els clients adaptat a cadascun d'ells i basat en reunions i trucades periòdiques. I, d'aquests dos sistemes, el més fàcil d'implementar al despatx és el de les trucades.

Fa uns anys vaig crear un sistema anomenat La trucada sense motiu, que va ser el sistema de proactivitat i màrqueting més ràpid i efectiu que mai he aplicat. El sistema era simple: trucar als meus clients, encara que no tingui res concret a parlar amb ells. És un sistema que em va permetre mantenir el contacte amb els nostres principals clients a fi i efecte de poder-los fidelitzar, conèixer les seves inquietuds, reptes, problemes, projectes i situació personal, per a poder-los oferir ajut en aquells aspectes a on puguem ser útils.

> **Fem una cosa**: Com ja t'he dit, el sistema que vaig crear es deia *La trucada sense motiu* i m'encantaria compartir-lo amb tu si el vols, així que demana-me'l per email a oriol@oriolopez.com i te l'enviaré per a que puguis començar-ne a gaudir els resultats a partir d'avui mateix.

Quan poses al client per davant de la teva cartera de serveis, triomfes

Els teus productes i serveis són una simple eina per a assolir l'objectiu

El director de cinema Albert Serra deia això fa uns dies en una entrevista al diari Ara: "No, no he inventat res. He trobat una metodologia que va bé als objectius que busco o al talent que tinc com a director o al tipus de pel·lícules que intento fer."

Molts empresaris centren els seus esforços en trobar una metodologia, un servei, un producte que els permeti diferenciar-se i aconseguir millors resultats. Malgrat això, es frustren al no aconseguir-ho; no entenen que els clients no ho valorin i opten per cercar clients que sí que ho facin, amb resultats diversos, però llunyans de l'èxit que preveia el "Pla Estratègic" al qual han dedicat tants recursos.

Aquests empresaris, però, obliden que l'èxit no està en la metodologia, en el producte o servei, sinó en el valor que aporten als seus clients. I, és per això pel que els empresaris d'èxit centren els seus esforços en establir i assolir els objectius dels seus clients. Per a aquests empresaris, els productes venuts o els serveis prestats són una simple eina per a arribar-hi. I aquesta eina, va adaptant-se constantment de cara a aportar cada cop més valor als clients.

Fem una cosa: I tu, què has escrit al teu pla? Els productes que vendràs, els serveis que prestaràs o els resultats que obtindràs pels teus clients?

Fes que el teu negoci sigui especial per als teus clients

Vols que la teva empresa sigui més especial per als teus clients?

La setmana passada vaig estar a l'Hotel Castle Hill Inn de Newport, a Rhode Island (EUA), i vaig descobrir un lloc meravellós, no només per l'entorn, sinó també pel que porta amb si. En un primer cop d'ull, vaig veure que era un lloc acollidor, atractiu i ben cuidat, i amb altres consultors ens vam posar a pensar què ho feia especial.

En el gràfic següent veuràs que només si es compleixen les tres condicions, el lloc és especial per al client.

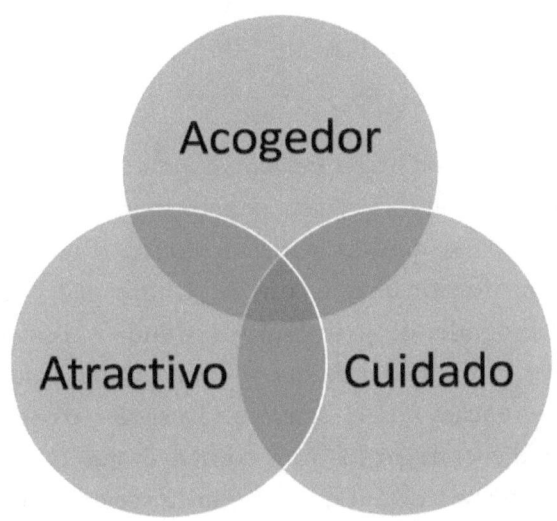

Per exemple:

- ✓ Si l'hotel hagués estat acollidor i atractiu, però no ben cuidat, estaríem davant d'un negoci erràtic i sense sentit.

- ✓ Si és acollidor i ben cuidat, però no atractiu, el negoci deixa de ser desitjable per al visitant i per al client.

- ✓ Si està ben cuidat i és atractiu, però no és acollidor, els clients aniran marxant.

Només quan es compleixen les tres condicions, l'hotel passa a ser especial.

> **Fem una cosa:** I el teu negoci... Quines tres condicions hauria de complir per a ser especial?

Si jo no, qui?

Qualsevol pot fer una venda, però no tothom sap fer un client

Documenta és una llibreria de Barcelona a la qual vaig sovint, pel seu tracte amable i el seu coneixement. Busquis el que busquis, saben de què els parles i tracten d'aconseguir-t'ho amb total professionalitat i entrega. L'altre dia, vaig anar-hi buscant la biografia de Joan Baptista Cendrós, l'empresari de l'after-shave Floïd. El fet és que el llibre acabava de sortir i a la llibreria encara no el tenien. Després d'oferir-me la possibilitat d'encarregar-lo, vaig comentar que el necessitava per a aquell mateix dia, al que ells van respondre amb un: "si vols, et busquem una llibreria de Barcelona que el tingui disponible ara mateix". Com? Una botiga enviant-me a la competència? Això no té ni cap ni peus... O sí...

Moltes empreses simplement responen amb un "No, no podem ajudar-te", dit de múltiples maneres i, encara que aquesta és una manera honesta de respondre, deixa entreveure poca proactivitat. Ser proactiu és, entre altres coses, pensar en com ajudar al client, com aportar-li valor, sense pensar en si obtindrà un rendiment immediat o no. I a Documenta, aquell dia, van perdre una venda, però van guanyar un client. I ho van fer fent-se aquesta simple pregunta: si jo no puc ajudar-lo, ¿qui ho podria fer? Senzillament, es van posar al servei del client i van tractar d'ajudar a aconseguir el que desitjava.

> **Fem una cosa**: I en la teva empresa, estàs segur que el teu equip es formula aquesta pregunta sempre que algú demana quelcom que no oferiu?

Els 9 factors clau de la teva primera reunió amb un potencial client

L'èxit d'una reunió amb un potencial client es basa en la relació

Ajudant a un empresari a millorar les reunions que manté amb potencials clients, vaig trobar 3 àrees i 9 aspectes a tenir en compte per fer que aquestes siguin un èxit. Són els següents:

Prepara-la:

1. Bloqueja temps a la teva agenda, tot el matí o tota la tarda, si no vols tractar amb presses a un potencial client. No gaudiràs de la reunió si tens el rellotge pressionant-te.

2. Investiga, a través dels comptes anuals, informes financers, comparatius amb el sector, web, catàleg, entorn, estat del sector, anàlisi de la competència ...

3. Visualitza com hauria de ser la reunió per anar bé i tingues present l'objectiu que persegueixes en aquesta reunió (relació, fer una proposta...)

Dirigeix-la:

1. Parla des del cor, tractant d'ajudar constantment, per aconseguir que el client aconsegueixi els seus objectius.

2. Conrea la relació i parla amb ell com si volguessis ser el seu soci, no el seu proveïdor.

3. Pregunta-li pels seus objectius, els seus reptes, l'impacte que causaria assolir-los o el proper pas que donarien, si tot fos possible.

Tanca-la:

1. Tracta d'ajudar constantment, per aconseguir que el client arribi on vol. Aquesta és la clau de tot: el valor.

2. Defineix sempre un proper pas: una trucada, una altra reunió, un pressupost...

3. Segueix al teu potencial client com si ja fos el teu client. Truca'l de tant en tant, Envia-li informació que creguis important o planifica una nova reunió. No li perdis la pista.

4. **Fem una cosa**: Segueix fent allò que ja fas en aquesta llista i prova allò que creguis interessant en la teva propera reunió amb un potencial client.

Què necessiten i què volen els teus clients?

Encara que et sembli el contrari, els teus clients no et demanen que els donis una solució sinó que esperen trobar-la ells mateixos amb la nostra ajuda.

Això fa que sigui important per a qualsevol empresari el saber fer les preguntes adequades i, sobretot, escoltar les respostes atentament.

Cal conèixer el problema real del nostre client i el que VOL, per sobre del que nosaltres percebem que NECESSITA. Ja hi haurà temps d'unir-los, si cal.

I, és per això, que anotarem els objectius empresarials i personals dels nostres clients de manera que descobrim que és realment rellevant i valuós per a ells.

I, un cop sabem que valoren els nostres clients, és a dir, què volen realment, el que fem és crear/buscar productes o serveis adaptats a això.

> **Fem una cosa**: utilitza sempre la pregunta màgica amb els teus clients i potencials clients... Per què?

La màgia de Disney a la teva empresa

La setmana passada vam estar dos dies a Disneyland amb els meus fills i vam tenir tres experiències que em van fer reflexionar sobre el que significa l'atenció al client.

La primera va succeir només entrar, quan els meus dos fills van agafar dos globus solts que hi havia al hall i que no pertanyien a ningú. Estaven hi jugant i, de sobte, al petit li va esclatar el globus quan va tocar terra. Com no podia ser d'altra manera, es va posar a plorar i jo vaig mirar de consolar-lo, sense adonar-me que un membre de l'equip de l'hotel es va aixecar del seu lloc i va tornar amb un globus nou passats uns segons.

La segona va succeir al final de la nostra visita. Durant aquests dos dies vam estar escrivint postals comprades a París i al mateix parc, els vam posar els segells i les teníem llistes per enviar. Durant el sopar de l'últim dia, ens les vam deixar al menjador i, l'endemà, ens vam adonar que no les teníem. En anar a consergeria a demanar si les havien vist ens van comentar que no, i que el personal de neteja probablement les havia tirat pensant que eren papers (eren dins d'un paper qualsevol). La nostra sorpresa va ser quan la persona de recepció ens va preguntar si volíem tornar-les a escriure: vam dir que òbviament ho faríem. Ella inisití: "Us agradaria tornar-les a escriure?". En dir que sí, ens va acompanyar a la botiga de l'hotel i ens va regalar 4 postals, quatre segells i un bolígraf de l'Ànec Donald per als nens.

La tercera experiència va ser en veure com els personatges de Disney que es fan fotografies amb els nens, encara que tinguin una cua enorme, segueixen tractant a cada nen com al primer, no importa l'estona que porten o quanta cua hi ha. Hi havia pares que no entenien que es distraguessin tanta estona amb cada nen però, si ho penses bé, seria injust per als últims que Pluto els dedicarà menys temps perquè té pressa.

En el llibre "Inside the Magic Kingdom" de Tom Connellan, ja havia llegit el que significa per a Disney l'atenció al client, però viure-ho en primera persona em va fer reflexionar sobre el que ha de ser un bon servei al client i com traslladar-lo a la teva empresa:

- ✓ Escolta i observa als teus clients;

- ✓ Presta atenció als detalls; i

✓ No deixis mai de sorprendre

Fem una cosa: escriu quins són els punts de contacte de la teva empresa amb els clients, i pensa en com convertir-los en màgics.

3

Monetització

El tercer factor del creixement de qualsevol empresa és la monetització de tot el valor que aporta. Has d'aconseguir que la teva empresa converteixi en diners tot allò que toqui. Sí, la riquesa és el temps lliure, però per alimentar-la, necessitem que, no només els resultats acompanyin, sinó també la tresoreria i el valor que crees al teu voltant.

El descompte preventiu és un problema d'auto-estima

T'has trobat algun cop preparant la proposta d'un potencial client i rebaixant-la abans d'entregar-la?

Aquest és un dels comportaments habituals en molts empresris i és degut, principalment, a una baixa auto-estima. Saps perfectament que els teus productes i serveis valen el preu inicial que has apuntat, però no t'atreveixes a plantejar-ho així al potencial client i, ja abans de presentar-li la proposta ho estàs rebaixant. És més, quan la presentes mires la reacció del potencial client i, si la veus perillosa, introdueixes alguna frase que ve a dir que es pot rebaixar encara més el preu. Fins i tot t'auto-convences dient que en el futur li ho ajustaràs, però això no passa mai, oi? Sempre hi ha alguna excusa que et fa enrera.

Si tu no et creus el valor que aportes, com esperes que un tercer se'l cregui? Tria un preu i planteja'l clarament, explicant el valor que aportes i deixant clar que el preu que cobres és un reflex d'aquest valor. Pot ser que el client digui sí o digui no, però segur que si li rebaixes abans d'hora t'estaràs preguntant per sempre que hagués passat si haguessis presentat el pressupost correcte.

> **Fem una cosa:** tens un pressupost a mà? Envia'l.

Aplaudeix les objeccions als teus preus

Quan un client o potencial client es queixa del preu, acostumem a veure-ho com una competició i, de fet, he sentit més d'un cop expressions de l'estil de "Preparem-nos pel partit" abans d'entrar a una reunió complicada. Has tingut mai la sensació que quan en una reunió el client expressa una objecció en el preu, quedeu situats a banda i banda d'una pista de tennis? Plantegem un preu i el client ens respon que el veu massa alt (ping!). Llavors, cada cop que nosaltres responem el client ens torna la pilota de nou, en un conte que mai s'acaba. "D'acord" diem "Com podem gestionar això?". De fet, això no ens porta enlloc, no ho creus?

Imagineu-vos, però, que canviem el punt de vista i que enlloc de veure el client com un oponent us situeu al seu costat per a veure el problema (la pilota) des de la seva perspectiva. Ara canvia tot, oi? En el tennis, quan es juguen uns dobles els dos membres d'un mateix equip competeixen junts, tot i que segueixen moviments diferents (un al davant de la xarxa i l'altre al fons de la pista, per exemple).Tots dos tenen el mateix objectiu, tots dos volen guanyar, tots dos volen seguir junts. De fet, si no vulgués treballar amb tu, no et plantejaria l'objecció, sinó que marxaria a un altre lloc, oi?

Gestionar objeccions és com jugar dobles. Si el client t'interessa, el primer que has de fer és posar-te al seu costat, entendre el que li preocupa i veure-ho com una oportunitat per a treballar amb ell i aportar-li encara més valor. Un cop l'entenguis serà més fàcil respondre a l'objecció i assegurar-te que aquesta resposta el satisfà i compleix l'objectiu que ambdós perseguiu (treballar junts). I, un cop assolit aquest objectiu serà el moment d'anar més enllà i aportar-li encara més valor, aconseguint que d'una queixa en surti una oportunitat.

Pel que, si un client es queixa del preu, salta la xarxa i posa't al seu costat a treballar en el motiu i en la solució de la mateixa. No el vegis com a un rival.

> **Fem una cosa**: prepara un sistema que et permeti afrontar les objeccions de preu amb actitud win-win. Si ho vols, demana'm per email a oriol@oriolopez.com un sistema llest per a utilitzar per a afrontar-les.

Digues NO a les bones oportunitats... i SÍ a les genials!

Et resulta familiar això...?

La Marta va iniciar la seva empresa de producció audio-visual fa dos anys i, després de superar la fase d'emprenedora, va començar a rebre el fruit de la seva feina. Quan en vem parlar, era clar que havia de fer un nou pas, però no sabia com.

"Tinc molta feina, però encara no he assolit la vida professional que voldria", em va dir la Marta. "M'agradaria entrar a grans empreses, però sempre estic resolent petits projectes. Tothom qui em truca són petits empresaris que he conegut en esdeveniments de networking diversos. Segueixo pensant que algun dia arribaré a tenir-ne el control per a poder-me centrar en les grans empreses, però mai no hi arribo".

Era clar que la Marta estava cansada de trobar-se sempre en el mateix cicle. "Bé, has mirat de trobar temps per a promocionar-te entre les grans empreses en els últims vuit mesos, oi? Però entres en el mateix cicle un i altre cop, esperant el millor moment per a treballar en la teva estratègia de màrqueting encaminada a captar grans empreses. No ha succeït fins ara, així que, assumim que aquest cicle es repetirà una i altra vegada de manera indefinida. Què creus que hauries de fer per a trencar-lo?" Li vaig preguntar.

"No ho sé. He estat esperant el moment adequat. Esperava que a l'estiu tindria temps, però no ha estat així. Potser a les properes vacances?"

La Marta estava fent el que molts de nosaltres hem fet algun cop. Estava deixant que el seu negoci la dirigís a ella, enlloc de a la inversa. Pel que ni l'estiu ni les vacances ho permetrien. Necessitava trencar el cicle!

El primer que li vaig demanar que fes va ser el distingir les bones oportunitats de les genials. Ja havia après feia temps a dir NO a les males oportunitats. I ara havia d'aprendre a dir NO a les bones, per a que pugués dir Sí a les genials.

La majoria de les trucades rebudes eren bones oportunitats, però les genials eren aquelles on hauria de posar-hi més esforços. Hi va haver una oportunitat perduda durant els últims vuit mesos mentre treballava en petits projectes. Va perdre l'oportunitat de fer contactes amb grans empreses, fer feines amb elles i afegir projectes d'alt nivell al seu portfoli. Durant l'últim mes, vem estar analitzant les raons per les que havia deixat que el seu negoci la dirigís a ella. Estava llesta per la transició o anava massa ràpid? Potser volia seguir fent allò que ja sabia i feia bé. Els clients grans potser li demanaven de fer coses per a les quals no tenia experiència. "Fa por?" li vaig preguntar.

A més, els clients més grans impliquen una diferent manera d'aproximar-t'hi i parlar-hi. Estava segura de quins mètodes de màrqueting utilitzaria per a arribar-hi? O simplement sabia que les trucades fredes podien ser una bona manera però no s'atrevia a fer-les. O potser estava espantada amb la reunió d'un alt directiu d'una empresa que factura desenes de milions d'euros?

Després de treballar en alguns dels bloquejos potencials, la Marta va escriure un pla per a promocionar-se entre les grans empreses de la seva àrea. Va contractar un assistent per a fer les trucades preliminars, avaluar als potencials clients i planificar reunions. I tan bon punt les reunions estaven planificades, la Marta va tenir la confiança suficient com per a presentar els seus serveis als qui prenien les decisions. En dos mesos i mig va aconseguir dos nous grans clients i va començar a externalitzar algunes de les petites feines a colegues que havia conegut als esdeveniments de networking.

Pren-ne nota i aprèn a dir NO a les bones oportunitats, per a dir SÍ a les genials!

Estàs dient Sí quan hauries de dir NO? Descobreix-ho. Fes-te les següent preguntes:

- ✓ Quina és la visió del teu negoci?
- ✓ Què hi falta ara mateix?
- ✓ Què hauria de passar per a fer realitat la teva visió?

El procés a seguir és:

1. Desenvolupa una visió clara de com voldries que fos la teva vida;
2. Utilitza la visió de la teva vida per a crear una visió de què vols del teu negoci;
3. Fes una llista de les accions a dur a terme per anar des d'on ets fins on vols ser;
4. Pren decisions fermes cap a la teva visió;
5. Avalua cada nova oportunitat per determinar si t'acosta a la teva visió.

És una MALA oportunitat si:

- ✓ No et sents bé amb la feina a fer;

- ✓ No cobraràs de manera justa;
- ✓ No t'agrada la gent amb qui treballaràs.

És una BONA oportunitat si:

- ✓ Et dóna una bona experiència a un preu baix;
- ✓ Està ben pagada però no encaixa amb la teva visió;
- ✓ T'agrada la feina que faràs i el que cobraràs, però no la gent amb qui hauras de fer-ho.

És una GRAN oportunitat si:

- ✓ T'agrada la feina que fas;
- ✓ Et paguen adequadament per fer-la;
- ✓ Et sents inspirat i reforçat per la gent i el lloc amb qui treballaràs.

Bona caça d'oportunitats!

> **Fem una cosa:** quina és l'última bona oportunitat que t'ha arribat? Què has fet amb ella?

Un negoci de 6 a 1

La pregunta que, segons Drucker, es fan els executius eficaços és "Què li convé al meu negoci?"

Malauradament, molts empresaris no es fan aquesta pregunta, sinó que pensen més en "Què em convé a mi?" Això em ve al cap quan penso en un client meu que, després de 40 anys d'història i ja en la seva segona generació, aporta resultats equivalents a una sisena part de la seva facturació. Això és més d'un 16% de rendibilitat!

Tot i així, els socis no semblen entusiasmats amb la idea d'aprofitar aquesta rendibilitat i replicar-la a d'altres mercats, on encara no estan presents i, en canvi, semblen més preocupats a fer realitat altres negocis que tenen al cap i que, segons expliquen, no aporten retorns ni propers a aquests.

Quan els veig sempre els hi faig la mateixa pregunta: "Vols dir que dirigir el vostre focus a un altre sector ajudarà al vostre negoci actual en res?" Puc entendre que un empresari vulgui perseguir un somni i, quan m'ho transmet així, poc puc fer-hi per a convèncer-lo de quedar-se on està i aprofitar les seves grans capacitats. El problema és quan simplement hi veig manca d'ambició per a portar un negoci a un nou estadi (ampliar mercats, millorar l'eficiència o, fins i tot, guanyar més temps per a un mateix). La comoditat sembla apropiar-se d'alguns empresaris i prefereixen arriscar poc en iniciar noves aventures, que no pas pensar en el millor per a l'empresa i prémer l'accelerador quan el negoci els hi ho demana, enlloc de prémer el fre. Com qualsevol empresari sap, no pots mantenir un negoci en stand-by massa temps, abans no comenci a perdre vitalitat.

> **Fem una cosa:** fes-te aquesta pregunta: què li convé al meu negoci?

10 raons per a no utilitzar el temps com a base del teu preu

Sempre m'ha sorprès escoltar que els clients compren temps.

El raonament ens porta a pensar que com més temps dediquem a alguna cosa, més ho valorarà el client i podrem cobrar més. Segur?

Com ja sabràs, defenso el valor com a base del preu de qualsevol negoci. En el cas dels que prestem serveis, a més, sempre he pensat que aquest, i no un altre, és el motiu pel qual els clients compren un servei determinat. No obstant això, de vegades algun client em pregunta per què no m'agraden els preus basats en el temps. Doncs bé, aquestes són alguns dels molts desavantatges d'un mètode que, tot i que popular, crec que és extremadament injust per al client i per al professional. Aquests motius, servirien igualment per a un negoci que basa el seu preu en el cost i no el resultat que aporta el seu producte.

1. Els teus interessos i els dels teus clients són incompatibles
2. Et centres en el cost, i no en el valor per als teus clients
3. El client assumeix el risc de les teves ineficiències
4. Crea una mentalitat de producció, i no un esperit emprenedor
5. Se centra en l'esforç, i no en els resultats

6. Penalitza els avenços tecnològics

7. Les tarifes són fixades en funció de la teva competència

8. No et diferencia de la teva competència

9. Limita el teu potencial d'ingressos: hores limitades

10. Crea una burocràcia per al control i el mesurament dels costos

De fet, la diferència principal entre un mètode basat en el cost i un de basat en el valor és que:

El mètode del cost comença esbrinant quant costa produir el teu producte o servei; al qual s'hi aplica un recàrrec (marge) per a fixar el preu.

En canvi, el preu per valor comença per esbrinar fins a quin punt el client valora el teu producte o servei. Això determina el preu. Per tant, és més just per al client, i per a tu.

> **Fem una cosa**: escriu els beneficis del teu producte o servei al costat de les seves característiques tècniques. Per exemple: "El botó de mitja càrrega de la rentadora permetrà estalviar diners en llum, aigua i gas"

Els 5 principis del VALOR

En els últims anys, me n'he adonat que hi ha una manera diferent de fer les coses, que m'ha portat a gaudir de:

✓ una feina més gratificant;

- ✓ uns clients més contents;
- ✓ uns resultats millors; i
- ✓ una autèntica conciliació de la meva vida personal i professional

Són aspectes que he resolt sobre cinc principis i que vull compartir amb tu:

1. Valor... no pensant en vendre sinó en ajudar cada cop a més gent;
2. Acció... prenent decisions i millorant cada dia;
3. Llibertat... per a triar i crear noves opcions a triar;
4. Objectius... per a definir una estratègia clara;
5. Resultats... com a mesura de l'èxit.

Aquests cinc principis, que formen les sigles VALOR, m'han permès obtenir resultats ràpidament i, per a això, el gurú empresarial Steve Pipe, m'ha inclòs al seu llibre "The World's Most Inspiring Accountants" al costat de 61 professionals més de tot el món (l'únic a Espanya).

> **Fem una cosa**: demana'm per email a oriol@oriolopez.com la història d'èxit que em va permetre aparèixer a aquest llibre.

Voldràs patates per acompanyar?

La manera més fàcil de créixer és venent més als teus clients actuals

Molts negocis dediquen bona part del temps a buscar nous clients, sense parar-se a pensar que el veritable poder per a créixer el tenen els clients actuals. He parlat moltes vegades de les 6 maneres d'augmentar els ingressos en qualsevol empresa i, entre elles, la manera més fàcil de fer-ho és a través dels clients actuals; ja sigui augmentant els preus o fent que comprin més dels nostres productes o serveis. I, amb referència a aquesta última, hi ha dues bones raons per fer-ho:

- ✓ És gratuït. Sense anuncis, mailing, bases de dades ... Ja saps qui són, la seva adreça i què et compren habitualment.

- ✓ Ja teniu una relació comercial. Et coneixen, els agrades i confien en tu, de manera que estan més oberts a dir «Sí» quan els ofereixes algun producte extra.

Llavors, com pots fer-ho?

Les cadenes de menjar ràpid utilitzen un simple guió al final de cada conversa amb un client: «Voldràs patates per acompanyar?». La frase pot canviar, però el sistema és el mateix. En els supermercats col·loquen expositors al costat de les caixes i promocionen ofertes per volum prop amb el mateix objectiu.

Si ets assessor, per exemple, pensa en què passaria si després de contractar-te un servei d'assessorament empresarial preguntessis cosa semblant a això: «Com controles l'evolució dels números del teu negoci?». Creus que podria incentivar una compra superior? Per què no ho proves? Els sistemes més simples solen ser els més efectius, de manera que pensa alguns i posar-los en pràctica.

> **Fem una cosa**: fes una llista de tot allò que pots fer pels teus clients i assegura't que els teus treballadors ho ofereixen, com a mínim un cop l'any, a tots els clients.

Perquè el menú fa que mengis en molts restaurants i fer el mateix a la teva empresa

T'imagines un restaurant amb un únic plat al menú?

Quan el llegissis pensaries "m'agrada o no?", oi? Això et portaria a entrar o no al restaurant en base a aquesta resposta. Aquest és un dels motius pels quals els restaurants tenen cartes, que permeten al potencial client fer-se una altra pregunta: "Què menjaré avui?".

Fa uns dies un antic client meu dedicat a l'assessorament fiscal i laboral a empreses, a qui vaig explicar el poder de donar opcions als potencials clients quan fem propostes, em va donar les gràcies per la idea. Van atrevir-se a donar diverses opcions dins dels seus serveis d'assessorament laboral i el potencial client va acabar contractant l'opció més cara del menú. És més, tot i que el potencial client, en realitat, havia demanat pels serveis d'assessorament fiscal, el veure les opcions a laboral, va triar apuntar-s'hi. Aquest és el poder de les opcions i hi ha 3 motius que ho corroboren:

1. El client veu la possibilitat de créixer amb tu. Si només té l'opció que ha demanat, el client no veu

com podrà seguir treballant amb tu quan vulgui més de la teva empresa.

2. El client veu valor, i no només preu. Quan treballes amb diverses opcions, el client veu que, com a empresa, ofereixes molt més que el que ell demana. Això a més, pot donar-li raons per a recomanar-te a clients que sí puguin necessitar més de tu.

3. El client pot obtenir el que vol, i no només el que demana. Molts cops, els clients ens demanen quelcom i, en realitat, necessiten altres coses. Donar-li opcions li permet adonar-se que pot necessitar altres productes o serveis teus.

Quan el meu antic client em va dir que li havia funcionat tan bé, vaig fer-li dues preguntes:

- ✓ "I per a l'assessorament fiscal, ja has preparat les opcions?"
- ✓ "Ja has presentat aquestes noves opcions als teus clients actuals?"

Fem una cosa: agafa el teu principal producte o servei, i mira com podries afegir-li més valor, per a aconseguir apujar-ne el preu i aconseguir clients més contents.

No busquis a fora el que trobaràs a casa

Les millors pràctiques, normalment, estan dins la teva empresa, així que no cal que les busquis fora.

Sovint em demanen idees per a créixer o per a millorar la gestió d'una empresa, entre d'altres. I, en aquests casos, els empresaris acostumen a demanar-me que aporti noves idees o que els ajudi a implementar allò que veuen que funciona a d'altres empreses o sectors. I això és un error.

Sempre podràs aprendre de tot allò bo que es fa fora, però mai no trobaràs res més ràpid a implementar i a donar resultats que quelcom que ja fas bé en una altra àrea, divisió o departament de la teva pròpia empresa. Per exemple, pot ser que una delegació de la teva empresa tingui millors resultats que una altra i, en aquests casos, el millor que podràs fer és aprendre de les bones pràctiques d'aquesta delegació (tria de clients, millor atenció al client, focus en productes d'elevat marge, etc.) i aplicar-les a la resta d'àrees. Només això, pot aportar grans creixements en els teus beneficis, que et permetran innovar còmodament sobre una base sòlida.

Així que, si vols créixer, demana't "Què és allò que ja fas bé dins la teva empresa?" I, un cop ho sàpigues, implementa-ho ràpidament a la resta d'àrees per a obtenir resultats immediats.

Recordo un client que, amb aquest simple exercici, va augmentar en més d'un 10% la seva rendibilitat, el que van significar més de 200 mil euros més en el seu benefici final.

> **Fem una cosa**: pensa en allò que feu millor i planifica el procés per a implementar-ho a la resta d'àrees de la teva empresa.

4

Metodologia

Com treballa la teva empresa és una altra de les claus del creixement, ja que dependrà de la seva eficàcia i la seva eficiència, que aconseguim augmentar la rendibilitat de tota la nostra empresa. És per això, pel que és important tenir sistemes de treball i, com diu un client meu dedicat a la distribució: un mètode propi.

Mantenir l'equip motivat en vendre més és una qüestió de confiança

Un dels problemes que afronta l'empresari és aconseguir que tot l'equip s'involucri en la tasca d'oferir més productes i serveis als clients actuals.

A moltes empreses, els socis i directius acostumen a tenir una visió més comercial de la relació amb el client; millor o pitjor, el soci pensa en client i en el servei com a empresari, i això el fa actuar d'una manera diferent al seu equip. I aquesta visió, tot i que moltes vegades no es desenvolupa amb eficàcia, és molt positiva per al negoci, ja que permet aprofitar les oportunitats que brinden els clients. El problema és que, pel camí, es perden moltes oportunitats relacionades amb la manca de visió comercial de la resta de l'equip i això provoca frustració en la propietat i la direcció; una frustració deguda a no haver sabut traslladar aquesta mentalitat als seus equips.

Però... Com canviar aquesta mentalitat i promoure la proactivitat a l'equip?

La resposta és simple: amb sistemes de treball i un entorn on ser proactiu sigui millor que no ser-ho. Concretament, pots fer tres coses:

- ✓ Reuneix-te un cop per setmana amb les persones clau i parleu d'un client concret al qual pugueu ajudar;
- ✓ Deixa que siguin aquestes persones les que es reuneixin amb el client i li traslladin la vostra ajuda;
- ✓ Premia el comportament proactiu, amb més responsabilitat i autonomia.

Tu sol no aconseguiràs a ajudar a tots els teus clients i, per tant, a aprofitar totes les oportunitats, per la qual cosa hauràs d'aportar al teu equip el que més desitja: confiança.

Fem una cosa: dedica 60 minuts a crear un sistema com l'anterior, que puguis començar a aplicar immediatament.

La màgia dels petits detalls

Un servei que faci dir Wow als clients és quelcom que no només s'ha de donar, sinó que s'ha de fer percebre des del primer dia.

Tens l'oportunitat de comprar un negoci brillant a París – que seria quelcom realment important per a l'estratègia de la teva empresa.

No coneixes a cap advocat francès, pel que la Cambra de Comerç et dóna dos noms – als que truques...

... I aquests són els resultats que obtens:

Yves & Co	Xavier & Co
Telèfon contestat en 7 tons	2 tons
Veu desagradable	Veu amistosa
La persona encarregada no està a la seva taula, però et prometen que trucaran – passades 2 hores	Et tornen la trucada en 2 minuts
Abans de la reunió t'envien un plànol mostrant-te on són	A més d'enviar-te un plànol, et truquen per assegurar-se que l'has rebut, t'expliquen on aparcar i comproven que saps on anar. A més, s'ofereixen a reservar-te una taula al seu restaurant preferit pel teu sopar.
La taula de recepció està plena de revistes i diaris – en francès!	L'única cosa oberta a la taula és un bonic volum amb retalls de premsa i cartes de testimonis – alguns en anglès

El soci parla un anglès macarrònic	Parla un anglès fluid, i ofereix gravar la reunió per a que tinguis un record de tot allò comentat
Utilitza llenguatge tècnic i argot	Explica que té prohibit l'argot al despatx – i passa a parlar de manera senzilla
Detalla les opcions – però no fa el salt i no et recomana res en clar	Salta la tanca i diu "Si fos el meu cas jo faria..."
Només respon a les teves preguntes	Comprova permanentment que ha identificat el problema real – no restringint-se a les preguntes que li fas
4 dies després reps una proposta escrita per correu – acompanyada per un fulletó publicitari	4 hores després la proposta arriba per e-mail. No hi ha fulletó, però la proposta ve amb A) testimonis escanejats de gent a qui han fet feines similars, B) garanties de servei (per exemple, si no responen la teva trucada en una hora donarem 10€ a l'ONG que tu triïs), C) una carta del soci principal dient-te lo contents que estan de poder treballar amb tu

Preu = 10.000€	Preu = 12.000€

Recorda que aquest és un afer crucial per l'estratègia de la teva empresa – serà una adquisició realment important:

Per tant, triaràs Yves & Co a 10.000€ o Xavier & Co per 12.000€?

Quan faig aquesta pregunta davant l'audiència, la resposta és sempre unànime: trien Xavier & Co, tot i que és més car.

Però, per què?

Presumiblement pagaràs més perquè rebràs més. O, com a mínim, PERCEPS que rebràs més. I doncs, que ha fet Xavier & Co?

Té un servei genial i, a més, ha gestionat correctament les teves percepcions. I gràcies a això els hi pagaràs un 20% més.

Fem una cosa: tria un dels aspectes del quadre superior que creguis que podeu millorar coma empresa i canvia'l avui mateix.

Com crear un negoci innovador

La innovació a l'empresa és cabdal si vols dur el teu negoci endavant i cap al futur. Però no sempre és fàcil.

Acabes de començar en el camí cap a la innovació? O has fet alguns progressos però et sembla haver perdut una mica el camí? Com pots fer saber a tothom de la teva empresa el que és la innovació i per a què serveix? I com es pot ser més innovador?

Utilitza la llista de passos següents per seguir el camí per a ser una empresa innovadora:

1. Adona-te'n que la innovació no serà mai una solució ràpida

2. Pregunta a alguns dels teus col·legues com defineixen la innovació i després decideix el que s'interposa en el camí de fer-ho.

3. Envia un article sobre innovació al teu cap/equip i demana-li de reunir-te per parlar-ne.

4. Mira si l'empresa esmenta la innovació a internet, la intranet, el pla de negoci o l'informe anual. Si és així, tractar de descobrir qui a la teva organització està més interessat en la innovació. Si no és així, començà preguntant a la gent per què.

5. Comença una biblioteca d'innovació a la teva oficina. Convida la gent a demanar prestats els llibres. Estigues preparat per que no te'ls retornin!

6. Crea la teva pròpia llista de correu electrònic de les persones que entenen la innovació com a cabdal. Envia'ls-hi articles curts i històries interessants per mantenir el seu interès.

7. A cada reunió, demaneu-vos "Estem sent innovadors?" o "Hi ha una millor manera de fer això?"

8. Comença cada reunió de resolució de problemes amb un exercici de "No seria genial si...?" I assegura't de

recollir almenys 15-20 resultats de somnis abans de començar.

9. Posa una paret blanca a la sala o a la cafeteria. Escriu-hi "Com podríem ser més innovadors? Anota aquí les teves idees". Demana a l'equip que posin el seu nom si estan disposats a treballar en un projecte d'innovació. Mira la paret plena d'idees. Assegura't de capturar-les totes i remet-les a tothom qui vulgui llegir-les.

De vegades, cal més que una innovació incremental... molt més. De vegades, cal reinventar la teva estratègia de negoci, superar la competència, revolucionar la teva indústria i crear el futur!

Pots estar segur que no hi arribaràs fent el mateix de sempre. Si tens una missió, això és el que necessites...

- ✓ un munt de cervells pensant junts de manera creativa i col·laborativa;
- ✓ un desafiament que inciti la gent a comprometre's amb l'objectiu;
- ✓ un clar enfocament en el client, ja sigui intern o extern;
- ✓ un sistema de comunicacions de gran abast;
- ✓ una magnífica habilitat de finalització de projectes i sistemes de suport;

- ✓ un procés de avaluació organitzada per a que les lliçons d'aquest projecte es puguin replicar en el següent;

- ✓ una cultura que reti homenatge a les noves idees i la presa de riscos amb el temps i els recursos adequats.

> **Fem una cosa**: organitza una reunió amb el teu equip per a pensar trimestralment en un nou producte o una nova manera de presentar-lo o oferir-lo.

Si et va funcionar, per què has deixat de fer-ho?

El que més em preocupa no és no aprendre dels errors, sinó no fer-ho dels encerts

Un professional amb qui treballava em va demanar que l'ajudés a crear i implementar una estratègia de màrqueting integral per al seu despatx. M'encanta preguntar coses i, per tant, vaig demanar-li què havia fet fins ara que li hagués funcionat. La pregunta el va sorprendre, perquè tenia la resposta molt clara: "Abans acostumava a participar a associacions empresarials, fer-hi fins i tot alguna xerrada i quedar totes les setmanes amb persones clau (empresaris o simplement gent que podia recomanar-lo a d'altres empresaris)". Acte seguit li vaig demanar per què ho havia deixat de fer i em va respondre amb una simple frase: "No tinc temps".

Però, si no tens temps per a allò que tu saps que t'ha funcionat, com esperes tenir-lo per a noves idees a dur a terme que no saps si funcionaran? Mira-t'ho des d'un altre punt de vista: quantes oportunitats has perdut en els últims anys degut a aquesta manca de temps? Què representen en termes econòmics? I quin impacte haguessin causat aquests resultats a la teva vida?

> **Fem una cosa**: El millor que pots fer ara mateix per a millorar els teus resultats és recuperar tot allò que feies i et funcionava. Ja tens la idea i saps com dur-la a terme, a què esperes?

No deixis que el client et digui com has de fer la teva feina

Treballa segons la metodologia que millor s'adapti a la teva forma de pensar

L'altre dia vem fer un exercici a anglès que em va sorprendre. Es tractava d'un projecte per a una entrevista de feina on, enlloc de fer-te les preguntes habituals havies de demostrar habilitats en l'organització de la feina.

La feina constava de 13 documents que havíem de convertir en accions a fer o delegar, a més de prioritzar-les en funció de la seva importància i urgència. Amb el meu company de projecte vem estar la primera part de l'exercici passant-ho malament, degut a que no sabíem per on començar però, finalment, vem decidir no tancar-nos en l'estructura dels 13 documents per a ordenar-los, i vem passar a fer-ho en base a una visió global de tots ells. Dels 13 documents vem extreure'n informació sobre 4 àrees de treball i, un cop fet això, ens va resultar molt més fàcil definir prioritats i accions a realitzar. Això ens va donar una lliçó molt valuosa: surt de les estructures pre-fixades i treballa segons la metodologia que millor s'adapti a la teva manera de pensar, ja que serà també la que millors resultats aporti al client. De vegades, veig empresaris que miren d'adaptar la seva feina a les peticions del client (escriu un informe sobre la fiscalitat d'aquesta operació; prepara un pla de màrqueting, fes un workshop per a l'equip...) enlloc de centrar-se en els objectius del mateix (pagar pocs impostos, vendre més o fer que l'equip sigui més eficient, per exemple). Aquesta segona visió (la dels objectius) permet a l'empresari obrir la seva ment i ser molt més valuós per al client, però cal que quan un client demani una metodologia o estructura concreta se li demani que et deixi fer la teva feina a la teva manera si vol aconseguir els seus objectius.

> **Fem una cosa**: defineix clarament amb el teu client o potencial client quins seran els objectius que ajuda a complir el teu producte o servei.

La mania dels entregables

Quanta estona dediques a preparar documentació absurda?

Parlant amb una consultora de màrqueting torno a reviure una situació que, malauradament, és una constant en el sector dels serveis: els entregables. Preparar un informe, un report, un sistema de treball o una presentació s'ha convertit en una obligació en molts casos, i sembla que el professional ho entén com una demostració del valor que aporta, però no sempre és així. Jo divideixo els entregables en dues categories:

Els útils: documents que acompanyen un consell que, com a professional, has donat i que el client podrà utilitzar a partir d'ara. Dins d'aquests documents, hi trobaríem dos tipus:

- ✓ Els sistemes de treball, plantilles o formularis, per exemple, els hauria de preparar el client, amb la teva guia, si vols que el teu pas per l'empresa serveixi per a ensenyar-la a valer-se per si sola. La responsabilitat i l'autonomia són realment valuoses per a qualsevol empresa.

- ✓ Els informes, guies o exemples, per altra banda, poden ser documents que prepares (en formats diversos) de cara a ensenyar com fer entregables dels primers. També poden ser documents necessaris per a la teva feina (un informe que explica a un client com tractar fiscalment una operació concreta).

Els inútils: informes d'evolució, powerpoints per al personal… Són documents que només es preparen per a demostrar valor quan, aquest es demostra amb l'evolució de la feina. Si acordes prèviament amb el client com seguireu l'evolució del projecte, no caldran i se li ha de deixar ben clar al client aquest punt, si no volem dedicar més temps a preparar documents que a aportar valor.

El valor que aportes va més enllà de quants tipus de paper siguis capaç d'omplir i cal que ho entenguis tu abans no comencis a transmetre-ho al client. Treballa en aquest valor i, abans de fer una proposta, pensa en quina de les categories cau l'entregable i quina resposta hi dones; però mai l'assumeixis com una obligació.

Fem una cosa: corregeix els pressupostos que encara no hagis enviat, extraient-ne tot el que no ajuda a assolir l'ibjectiu del teu client amb el teu producte o servei, i que a tu

> t'ocasiona una feina extra. Pots, fins i tot, afegir-los a una opció més valuosa del teu pressupost.

5 consells pràctics per a gestionar la teva agenda

T'has trobat mai que no tens temps per a allò important?

Has viscut amb la sensació que estàs tot el dia atenent trucades i reunions enlloc de dedicar-te a allò important en el teu negoci? Un directiu em preguntava l'altre dia com gestionar la seva agenda de manera que aconsegueixi tenir temps per a allò important. Li vaig respondre que el principal era que crees un sistema que s'adequés a ell i que el respectés; o el que és el mateix: el temps només es prioritza amb organització i disciplina.

Acte seguit, li vaig donar cinc consells per a fer-ho més fàcil:

1. Que ho faci un altre. Si en tens l'oportunitat, l'agenda és millor que la gestioni un professional. Quan dirigia el meu despatx d'assessoria a Barcelona, la meva secretària era més disciplinada que jo en seguir l'organització marcada i, per això, quan ella gestionava la meva agenda, seguint un patró definit abans (visites en dies i hores determinades, lloc i durada de les mateixes…) tot anava molt millor.

2. Fes-ho a la tarda. Quan acabis de treballar, planifica el dia de demà, per a posar en primer lloc allò més important que hauràs de fer: pensar en l'estratègia, preparar un pressupost o fer una trucada difícil, entre d'altres.

3. Cita't amb tu mateix. Quan vulguis estar sol per a treballar amb allò important o, simplement, quan vulguis anar a fer esport o passejar per a pensar, crea una cita en el teu calendari on hi aparegui el teu nom, per a que ningú pugui modificar-ho.

4. Fes primer el primer. Només arribar al teu despatx, fes el que toca, sense aturar-te a pensar què fas primer o segon. Agafa la teva llista de 2 ó 3 coses importants i fes-les una a una.

5. Bloqueja allò important un any abans. Les teves vacances, un sopar amb la teva parella, l'aniversari dels nens, un concert, un viatge o, fins i tot, les classes d'anglès; són exemples d'allò que cal bloquejar a la teva agenda amb un any d'antel·lació.

Fem una cosa: marca en un calendari tot allò que fas, i no només les cites: fer un pressupost, definir l'estratègia, treballar en el teu pla de creixement, trucar algú...

De la decisió a l'acció

Fa un temps vaig conèixer una empresa que tenia un pla de màrqueting redactat de feia sis anys.

Van contactar amb mi per a ajudar-los a crear una estratègia d'augment dels ingressos i, quan vem mantenir la primera conversa vaig preguntar-los si tenien alguna idea sobre per on havien d'anar. I sí, la tenien. I, de fet, malgrat no ser un pla de màrqueting com aquells que molts consultors redacten per a impressionar, incloïa les premisses bàsiques del mateix, com l'anàlisi del mercat i la competència, algunes idees de captació de negoci i els responsables de dur-les a terme. Només faltava una cosa... L'acció!

Pensar és una cosa, prendre decisions és una altra i passar a l'acció és una altra de ben diferent. De fet, com sempre dic "Passar a l'acció no és una qüestió de decisió, sinó de prioritats". Com deia Ludwig von Mises al seu tractat d'economia "L'Acció Humana" l'ésser humà sempre actua, fins i tot quan decideix no fer-ho. El problema, doncs, és com prioritzem les nostres accions en el dia a dia, triant entre aquelles que són trivials i aquelles que són crítiques per a l'assoliment dels nostres objectius. Hi ha tres possibilitats, que podem associar a la navegació marítima per a fer-ho més gràfic:

- ✓ Si prioritzes no actuar, et trobaràs pujat a una barca a la deriva, on et mous només per la força de les corrents i les onades.

- ✓ Si, per contra, prioritzes les accions trivials, et mouràs voluntàriament, sí, però sense cap direcció concreta... Pel que acabaràs perdut.

- ✓ Per últim, si prioritzes les accions crítiques, estaràs en ruta als teus objectius, que assoliràs tard o d'hora.

> ✓ **Fem una cosa**: I tu, on ets ara mateix en cada objectiu estratègic de la teva empresa?

3 passos i 1 un consell per passar a l'acció

T'has trobat alguna vegada amb decisions ja preses però que no es fan realitat?

Fa dues setmanes et parlava de com passar de la decisió a l'acció, i de com encara decideixis no actuar, en realitat ho estàs fent. Deixa'm explicar-te avui, quins 3 elements has de tenir clars a l'hora d'actuar.

Sovint hi ha empresaris que em criden perquè els ajudi en la presa de decisions i, efectivament, moltes vegades el problema està allà: en decidir-se. Moltes altres, però, l'empresa no té un problema de presa de decisions, sinó d'acció. És fàcil dir que volem augmentar ingressos, i fins i tot ser més específics i decidir fer un pla de màrqueting. El problema, moltes vegades, és que aquesta decisió no té el que la farà efectiva: l'acció. I aquest problema es pot resoldre, tenint en compte tres factors que tot pla d'acció ha d'incloure:

1. Un responsable, que assumeixi que aquesta acció li pertany i que és ell qui ha de fer-la possible, sol o escollint un equip per dur-la a terme.

2. Un termini, que permeti mantenir la responsabilitat i el compromís.

3. Situar l'acció al nivell de prioritat que li correspon. Per exemple, si es tracta d'una acció que afecta l'estratègia de l'empresa, aquesta ha de ser portada a terme abans que qualsevol altra acció del dia a dia de l'empresa, per molt important que ens pugui semblar en aquell moment.

Finalment, tingues en compte una premissa bàsica en qualsevol acció: la perfecció és enemiga de l'excel·lència, perquè no ens permet avançar ni, per tant, millorar. Pren decisions i actua en conseqüència, sense esperar a donar amb el millor moment o la millor solució per a aquesta.

> **Fem una cosa:** quines decisions hi ha presses a la teva empresa que esperen la seva execució?

3 formes d'afrontar un conflicte sobre l'estratègia de l'empresa

Fa uns dies, apareixia al diari que el CEO de Ralph Lauren (Stefan Larsson) marxarà el mes de maig, després de només dos anys al cap davant de l'empresa, a causa dels conflictes mantinguts amb el fundador de la companyia, el senyor Lauren. A l'article hi sortien els motius que ambdós donaven per a aquesta decisió, que eren els següents:

El Sr. Lauren deia que, malgrat que ambdós compartien l'amor i el respecte cap a l'ADN d'aquesta marca, tenien visions diferents sobre com barrejar la creativitat i l'orientació al consum de l'empresa. Mentrestant, el Sr. Larsson manifestava que estan en desacord amb com dirigir el mix entre producte, màrqueting i experiència de compra del client.

Com diu l'Alan Weiss, hi ha dos tipus de conflictes a les empreses: aquells basats en objectius i aquells basats en alternatives. Els primers són deguts a una visió diferent sobre cap a on ha d'anar el negoci, mentre els segons són a causa d'una diferent manera de veure com arribar-hi.

En aquest cas, ambdós estan d'acord en què hi ha un conflicte sobre objectius, ja que es tenen visions diferents d'on anar: Ralph Lauren vol que la marca no baixi al terreny de marques com Zara o H&M, mentre Stefan Larsson va aconseguir retallar despeses i competir amb aquest tipus de marques, amb gran alegria dels inversors, però no de la part més creativa de l'empresa, entre ells el fundador, que no volia perdre'n la imatge.

Però, com afrontar aquest tipus de conflicte? Hi ha tres preguntes que has de fer-te per a afrontar un conflicte sobre objectius i, depenent de la resposta que hi donis, hi haurà o no solució al mateix:

- ✓ De qui és la decisió? És important determinar qui serà responsable d'aquesta decisió i qui retrà comptes per la mateixa. En el cas de Ralph Lauren, el responsable de la decisió era el CEO, pel que era obvi que no podia acceptar una estratègia imposada.

- ✓ A qui afecten més els resultats? Els resultats, a més de al CEO, afectaven al fundador i als accionistes de la companyia. Mentre als accionistes ja els va agradar les retallades del CEO, que van ser la causa d'entrar-hi (segons diuen ells mateixos a l'article) alf undador li semblava que perdia l'essència i tenia una visió més a llarg termini, que xocava amb aquesta visió.

- ✓ Hi ha terreny comú? És evident que hi ha moments on quedar-se al mig no és una opció, com en aquest cas, en què no hi ha camí del mig respecte competir amb les low-cost o mantenir l'exclusivitat, si no vols perdre focus en un determinat mercat.

Com veus, el cas de Ralph Lauren expressa un desacord en les tres preguntes, pel que el conflicte era de molt difícil solució, sense la sortida d'un dels dos, en aquest cas, el CEO.

> **Fem una cosa**: Sempre que tinguis un conflicte dins l'empresa, fes-te aquestes tres preguntes i, sobretot, redueix la part més emocional del debat, ja que, quan parlem d'objectius, molts cops parlem de valors, pel que serà molt complicat que donem el braç a tórcer en aspectes que afecten la nostra manera de veure el món, fins i tot.

Gestionar l'agenda a picotades

La millor manera de guanyar temps és prioritzar-lo

Aquesta és la manera com alguns socis i directius de despatxos professionals gestionen el seu temps. Mires la seva agenda i et trobes un desordre que ells excusen sota la inevitabilitat i la responsabilitat derivades d'un concepte d'atenció al client mal-entès: basat en què és el client qui decideix sobre el teu temps. I, degut a això, pocs d'ells s'han aturat a pensar quina és l'agenda que voldrien tenir i com aconseguir-la.

Recordo que, al meu despatx, la meva agenda solia ser un mosaic de cites inconnexes al llarg d'una setmana. Recordo que no quedaven blocs de temps prou grans com per a treballar de manera continuada i sense interrupcions. I, el més important, recordo com vaig posar-hi fi: decidint jo què volia fer amb el meu temps.

Vaig establir dos moments setmanals per a atendre visites (dilluns i dimecres per la tarda) i vaig comunicar-los a la secretària. I aquesta, que era implacable (alhora que agradable) amb els clients es va convertir amb la meva millor aliada, al proposar proactivament la millor data per a veure'ns amb cada client. No preguntava coses com "Quin dia et va bé?"; sinó que deia directament "Dilluns a les 16 tinc un forat, et va bé oi?". És curiós com la gent reacciona quan tu mateix dirigeixes l'agenda. No es pregunten quin és el millor dia, sinó si els va hi bé venir el dia proposat. I això els facilita la vida perquè els posa davant de decisions fàcils.

Els resultats no es van fer esperar gaire i dues setmanes després ja tenia una agenda amb molts blocs complets per treballar en allò important per a mi i per al meu negoci, com la salut, família, estratègia, màrqueting, preus, organització, etc. No oblidis que la millor manera de guanyar temps és prioritzar-lo i que, un agenda ben ordenada és clau per aconseguir-ho.

Fem una cosa: defineix els teus principis a l'hora de gestionar la teva agenda.

Els 5 principis de l'Oriol per a l'acció constant

Parlant amb un empresari, aquest em va dir una cosa que em va deixar glaçat: "Els meus treballadors em consideren deshonest".

"Per què?" Vaig respondre jo. La resposta era senzilla: es tracta d'una persona intel·lectualment inquieta, curiosa, amb ganes de saber més i de fer les coses de manera diferent. Això el porta a gaudir aprenent noves coses, arribar amb tot aquest bagatge i plantejar-les als treballadors amb ànims de dur-les a terme. Els hi explica com s'imagina l'empresa, la relació amb l'equip i l'experiència del client, però un cop engrescats, no passa res. Les coses segueixen igual i aquell impuls amb que emociona al seu equip s'esvaeix en el dia a dia. Això porta als treballadors a pensar que el que reben del seu cap és simple il·lusió, però no canvi de debò, el que els porta a utilitzar paraules com "deshonest" al definir-lo.

Va preguntar-me com podríem resoldre-ho i la meva resposta va ser directa: actuant. Al contrari del que pugui semblar, és un empresari que, quan decideix passar a l'acció, ho fa. Simplement li passa com a molts: dubta en quin és el camí a seguir, la decisió a prendre, l'acció a prioritzar. I, quan això passa, es troba en una situació profundament incòmoda en què sap que ha de moure's, té idees per a fer-ho, però es queda aturat. És per això pel que li vaig plantejar que actués basant-se en els meus 5 principis per a l'acció constant:

1. La perfecció està renyida amb l'excel·lència: si no passes mai a l'acció, mai no podràs millorar el que fas i mai no arribaràs a l'èxit.

2. Si no actues, també et mous, però cap enrera: el món es mou i, si tu no ho fas, tu et quedaràs enrera. Per tant, actua pensant que has de remar a contra-corrent.

3. Només hi ha una forma de menjar-se un elefant: mossegada a mossegada. Comença amb petites decisions.

4. Posa-hi terminis, sistemes de seguiment i recompenses, per a fer-ho possible. Res no es fa sense organització ni disciplina.

5. Converteix en hàbit tot allò que facis, mitjançant la repetició constant i posant el focus en poques accions cada cop.

Aquests cinc principis et guiaran cap a l'acció, evitant que caiguis en la trampa que una gran virtut com la inquietud té reservada.

Evita-la i guanyaràs!

Fem una cosa: demana't ja, si estàs fent promeses que no pots complir..

5

Mètriques

¿Com esperes prendre decisions si no saps què passa al teu negoci? El que no es mesura no existeix, de manera que hauràs de saber quins indicadors financers i estratègics seguir si vols convertir teu negoci en una màquina de creixement sostingut, que et permeti prendre decisions i passar a l'acció amb la màxima informació possible.

Com mantens el pols de l'acció en la presa de decisions?

Treballant amb empreses de tots els sectors, rebo aquesta pregunta molt sovint. Personalment, la veig com una gran pregunta, que demostra que l'empresari ha sortit del camí de la contemplació per a entrar en el camí de l'acció.

Doncs bé, jo segueixo aquest hàbit:

- ✓ Cada mes estreno un full Din A3 on hi anoto a dalt de tot l'objectiu del mes, que pot ser preparar una sessió de treball o aconseguir més empreses que vulguin créixer i prosperar.

- ✓ Cada setmana hi anoto la fita a assolir per a arribar a l'objectiu: preparar la sessió de treball o triar una estratègia de màrqueting, en l'exemple anterior.

- ✓ Cada dia hi anoto les 2 o 3 accions a dur a terme per a complir aquesta fita: triar un tema, preparar el material, escriure un article, entre d'altres.

I sempre, i en tot moment, mantinc aquestes accions al davant de tota la resta.

Tan simple, i tan poc comú, oi?

Fem una cosa: anota les teves prioritats per al dia d'avui.

El coll d'ampolla està en tu

Les carpetes s'acumulen i les feines no surten. Els clients demanen les coses urgents i el teu equip no aconsegueix fer net de feina. Fins ara ho havies resolt treballant més hores i/o contractant més gent però ara ja veus que això no resol res i que cada nou client que entra per la porta et representa un problema. Fins i tot et replanteges la teva vida professional i comences a mirar malament aquells clients que et volen per a fer feines d'alt valor però que, a la pràctica, representen una càrrega de feina que ara mateix no pots assumir. Ho saps. Saps que has de repensar el que estàs fent i com ho estàs fent, però no saps com.

Aquesta història l'he viscuda ajudant empresaris de tot tipus, que veuen com les feines no surten i van acumulant-se al despatx o la fàbrica, i al seu cap, fins a acabar amb estrès i frustració. T'has plantejat la possibilitat de que el problema estigui al teu despatx? Molts cops em trobo amb empresaris que han creat un procés de treball que fa passar per ells masses decisions i/o accions. Aquestes decisions i/o accions impliquen molts cops tasques de seguiment, revisió, estudi o contacte amb el client, entre d'altres, però sempre han de passar pel líder per a dur-les a terme. Això atura el líder, que veu com se li acumulen els expedients a sobre la taula sense poder-se posar al dia. Però també atura l'equip, que veu com no pot enllestir projectes perquè queden pendents del líder. I això és un coll d'ampolla que pot resoldre's amb tres preguntes a fer-nos dins del procés de treball:

1. És necessari fer aquest proper pas? Si la resposta és NO, elimina'l del procés. I, si la resposta és SÍ, pregunta't...

2. És imprescindible que sigui jo (i només jo) qui el faci? Si la resposta és NO, delega'l. I, si és SÍ, pregunta't...

3. És urgent que es faci avui? Si la resposta és Sí, bloqueja't el temps necessari a l'agenda per a fer-lo. I, si és NO, planifica el moment per a dur-lo a terme.

Fem una cosa: escriu totes aquelles decisions i accions que depenen de la teva intervenció avui mateix

Qui controla el teu sistema de control?

És curiós veure com la majoria d'empresaris, quan volen afegir o modificar un hàbit comercial al seu negoci, comencen pensant en quina serà l'eina que els permetrà controlar-lo enlloc de pensar en com treballar l'hàbit en sí.

Un empresari a qui ajudo a millorar la seva estratègia de creixement em va demanar (només començar a treballar amb ell) la meva opinió sobre tres plataformes de control del procés de venda que havia estat provant. Aquestes eines, en anglès *pipeline*, et permeten saber en quin moment del procés està cada acció comercial i/o potencial client, de manera que pots anar mesurant, per exemple, si tens prou gent a l'inici de l'embut de venda, per a traslladar-les al llarg del mateix mitjançant la reunió, la proposta, la negociació i la finalització (en venda o no).

Li vaig fer dues preguntes:

- ✓ Quants potencials clients tens identificats (nom, adreça i telèfon) ara mateix?
- ✓ Ja els has trucat?
- ✓ Com penses atreure'n més?

La resposta va ser pobra: no més de 20 potencials clients i cap pla concret per a atraure'ls.

Llavors, vaig respondre-li que deixés de preocupar-se en com controlaria el seu procés de venda i se centrés en crear-lo primer.

Per exemple, si saps que el boca-orella és la teva principal font de clients, dedicat a crear un sistema que el potenciï i controla'l a través d'un simple excel o una llibreta. No et cal res més que això: una llista de potencials clients o referenciadors i una trucada als mateixos. No busques 10.000 clients nous ni tens 10 comercials en plantilla, així que centra't en crear els processos que et permetin aconseguir més clients a través de les referències, el networking i el posicionament com a expert, i deixa't d'eines de control amb escàs ROI.

> **Fem una cosa:** quina eina està aturant la teva acció?

No pots fomentar el treball en equip si tens un comitè

Abans de promoure el treball en equip assegura't que tens un equip i no un comitè

Parlant amb dos directius d'una empresa mitjana de Barcelona fa unes setmanes em van comentar que estaven planificant la successió dels actuals fundadors per part d'un grup directius que prendrien el relleu en un futur proper. El seu repte era el de millorar el treball en equip dins del consell de direcció i fer que els directius treballessin de manera més coordinada i profitosa per a l'empresa. De fet, deien, si milloraven aquest treball, podrien aprofitar aspectes com la venda creuada en la seva empresa. El problema és que, si bé els resultats individuals de cada directiu eren positius, s'estaven desaprofitant moltes oportunitats a causa de l'existència de "sitges", en lloc de departaments. Va ser llavors quan els vaig parar i els vaig dir que ells no tenien un equip, sinó un comitè; i que, si volien millorar la feina entre ells, el primer que havien de fer era convertir-lo en un veritable equip. "Però, ¿en què es diferencien un equip i un comitè?" - van preguntar.

Un equip és un grup de persones que treballen per a un objectiu comú; mentre un comitè és un grup de persones que treballen per a assolir els seus propis objectius. Podríem dir que, mentre la gent d'un equip comparteix agenda i reptes, en un comitè només es comparteix l'empresa. Mentre en un equip un dels membres pot sacrificar part dels seus resultats per un bé comú, en un comitè, ningú està disposat a cedir pressupost, coneixement, estructura o resultats per a un objectiu comú.

Mentre ho anava explicant als dos directius que em van contactar anaven canviant la seva cara, fins al punt d'aturar-me i dir-me: "No segueixis. Som un comitè. Ens pots ajudar?". Transformar un comitè en un equip és una cosa important, si volem millorar aspectes com la comunicació o el treball conjunt. Cal partir de la premissa que no tothom ho entendrà a la primera i que és possible que, com a empresa, cal que assumim certs canvis organitzatius, com per exemple, deixar d'avaluar les persones només pel que ells aconsegueixin, i afegir factors que afecten tot l'equip, perquè hagin de remar en el mateix sentit.

El més important, així i tot, és entendre que no compartim només empresa, sinó també projecte; i per això és imprescindible canviar la cultura de l'empresa, per convertir-la en un entorn on compartir i col·laborar sigui quelcom natural.

Fem una cosa: I tu, a la teva empresa, tens un equip o un comitè?

Per què hi ha persones al meu equip que sembla que venguin sempre el mateix?

Quan tractis de motivar el teu equip, no t'oblidis dels incentius col·laterals que crees

Dues persones diferents, el soci director d'un despatx d'assessorament empresarial de Barcelona i el director general d'una empresa global del sector serveis em van traslladar fa un temps aquesta mateixa pregunta, basada en una persona del seu equip comercial que, casualment, venia una quantitat similar cada mes. "És això possible?" Em van preguntar; i ells mateix van respondre a la seva pregunta: "No, simplement, mouen les vendes en funció de com va el mes. Per exemple, si el mes d'abril és molt bo, opten per retenir una venda de final de mes per efectuar-la al maig." La gran pregunta, per tant, seguia oberta: "Per què ho fan?"

Els vaig preguntar què valoraven dels seus comercials i els dos em van respondre el mateix: "Cobren un bonus en funció de la quantitat venuda, per la qual cosa haurien d'estar molt motivades en vendre cada vegada més". El problema és que jo no els vaig preguntar com recompensaven als seus treballadors, sinó com els valoraven; i allí està el problema. Hi ha empresaris que confonen ambdós termes i transmeten aquesta confusió als seus equips, causant un efecte no desitjat en el seu comportament i i els resultats finals.

Per exemple, en el cas d'aquestes persones de l'equip comercial, en saber que els seus caps valorarien el seu treball en funció de les vendes realitzades, tenien dos incentius perversos:

Si poses el focus del valor en el resultat final que ha obtingut el teu treballador, aquest mirarà de quedar bé a la foto de cada mes i, per tant, donarà més importància a l'estabilitat, perquè així sembli que treballa el mateix cada mes.

A més, tendirà a afluixar quan ja estigui arribant al resultat que desitja, ja que no sap si el mes següent anirà igual. Això vol dir que farà menys trucades i visites, per exemple, pel que es perdran oportunitats.

És per això que els vaig proposar de canviar, no el seu sistema retributiu, sinó el seu sistema de valoració, traslladant al treballador un nou sistema de control que els permetés saber què feia bé i què podia millorar, i així poder-li donar eines per a la millora contínua. El sistema es basava en seguir tres indicadors molt simples: nombre de trucades a clients i/o potencials clients; nombre de reunions i ràtio de conversió d'aquestes reunions en serveis venuts. D'aquesta manera, l'empresa començava a valorar el comportament del treballador, i no només el resultat, amb la qual cosa vem provocar tres efectes:

La tensió es mantenia mes a mes, ja que el treballador es comprometia no a unes vendes, sinó a una actitud proactiva de trucades, reunions, pressupostos... Podia tenir un objectiu en vendes, però no era aquest l'únic aspecte a valorar.

El treballador trobava maneres de millorar aspectes concrets del seu procés. Per exemple, si aconseguia moltes visites però poques es convertien en clients, podia estudiar si era cosa dels preus, el format del pressupost, la negociació o el perfil de client, entre d'altres.

Finalment, el treballador estava més motivat, ja que ara sap que pot millorar i sap que la seva empresa l'ajudarà a millorar les seves vendes i per tant, els seus ingressos.

> **Fem una cosa:** Per tant, quan pensis en com pots millorar el rendiment del teu equip pensa en què és el que valores d'ells i pensa en com ho mesures, perquè el teu equip entri en un cercle virtuós, i no en un de viciós.

Hi ha moments en que has de dir prou

Un client em deia l'altre dia que té un producte que li encanta però que no li funciona.

Tots hem tingut moments en què un producte o un servei que hem creat no ha funcionat, un client no ha estat rendible o un treballador no s'ha adaptat a nosaltres; i hem de ser capaços de deixar-lo anar si volem anar més enllà. Sí, ho sé, representa deixar anar diners, tranquil·litat i seguretat. Però, a més, representa admetre quelcom més important: estàvem equivocats. Ni aquell servei aportava el valor que crèiem, ni aquell client ha millorat amb el temps, ni tan sols aquell treballador ha canviat la seva actitud.

De fet, si treus el focus dels diners i el poses a l'estratègia, te n'adonaràs que el millor que pots fer és afrontar els fets i acabar amb això, de manera que puguis començar a centrar els teus esforços en allò que veritablement funciona, i així els teus resultats millorin ostensiblement. He vist empreses duplicar els seus beneficis gràcies a centrar-se en allò que funciona i deixar anar allò que no. Sí, representa un sacrifici i, de ben segur, que ens doldrà inicialment, però en quant els dies vagin passant aniràs demanant-te el perquè no ho vas fer abans i, serà llavors quan començaràs a ser proactiu també en això: analitzar els fets cercant dedicar més esforços a tot allò que funciona, ja que, com bé saps, més que aprendre dels errors, hem d'aprendre dels encerts, per a replicar-los i millorar exponencialment els nostres resultats.

> **Fem una cosa**: escriu una llista de tots els productes, serveis, clients o proveïdors als quals ja has donat masses oportunitats.

La guerra pel poder de la propietat i la direcció de l'empresa

Un dels grans reptes de qualsevol empresa és l'enfrontament existent entre els propietaris i els directius de la mateixa. I, quan aquestes dues figures recauen en les mateixes persones, encara és pitjor.

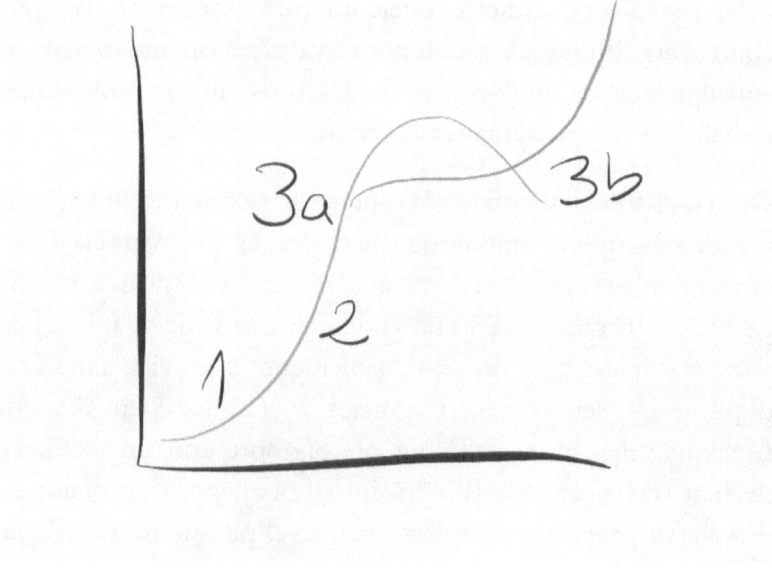

Aquest enfrontament és molt perillós i pot arribar a enfonsar una companyia en creixement, ja que els objectius de les dues figures són diferents. Mentre el propietari busca una rendibilitat a la seva inversió i, per tant, té posat l'ull en els diners que recupera de la mateixa; el directiu busca la rendibilitat de l'activitat, pel que mira permanentment per la salut financera de l'empresa i les possibilitats d'utilitzar els diners guanyats per a seguir creixent. Molts empresaris pensen que són dos objectius similars i, de fet, ho són parcialment, ja que si l'empresa guanya més diners, tard o d'hora aquests repercutiran en la propietat. Tot i això, el moment en què això es fa efectiu és important, i és el gran cavall de batalla de les dues figures, que s'agreuja quan ambdós papers coincideixen en una sola persona o persones.

S'ha dit molt que la professionalització de moltes empreses passa per separar aquests dos rols però no sempre és possible ni desitjable pel que l'empresa ha de ser capaç de prioritzar allò que li permeti assolir els objectius estratègics que té definits, fins i tot quan els dos rols recaiguin sobre les mateixes persones. I una de les maneres en què pots fer-ho és mirant en quin punt del gràfic superior ets. Aquest gràfic, que apareix al meu llibre "L'empresari proactiu" explicat més abastament, ens mostra tres fases empresarials:

1. En el punt 1, et trobes en la fase inicial del cicle de creixement i hauràs de dedicar els màxims esforços a consolidar-lo i fer-lo exponencial; pel que la direcció s'imposarà i els diners es quedaran a l'empresa per a ajudar-la a innovar per a créixer.

2. Quan ets al punt 2, i el motor del creixement està en marxa, estàs gaudint dels resultats d'una bona iniciativa (sense haver arribat encara al moment

d'iniciar un nou cicle), pel que és el moment de premiar la propietat amb la rendibilitat adequada per a que pugui seguir confiant en el projecte, mentre es reserven recursos per a la tercera fase.

3. Per últim, el punt 3a és l'inici de la fase de la innovació, i requereix sacrificar part del creixement a curt termini per a iniciar un nou cicle de creixement, pel que hauràs de tornar-te a centrar en el negoci i, per tant, tornaràs a dedicar el màxim d'esforços a la innovació, de cara a iniciar un nou cicle de creixement (en vermell). Però, si no inicies aquest nou cicle i esperes a trobar-te en el punt 3b, llavors ja serà massa tard i la teva escala de prioritats canviarà, perquè la propietat no se sentirà segura amb les inversions a fer i la direcció quedarà paralitzada amb la por a perdre.

És per això pel que, quan entro a treballar amb una empresa, sempre pregunto en quin punt ens trobem, ja que les accions a dur a terme són diferents i la pre-eminència del criteri de la propietat o la direcció en dependrà.

Fem una cosa: analitza en quin punt estàs i actua en conseqüència. Si estàs al punt 3a, comença a pensar en el següent cicle de creixement; i si estàs en el punt 3b, defineix una estratègia per a sortir-ne.

Saps quin és el grau de tensió adequat per a la teva empresa?

La tensió a la que sotmets el teu negoci és efectiva si saps treure'n profit

Si fas esport sabràs que mantenir un grau de tensió excessiu o insuficient pot ser perjudicial per al resultat. En canvi, si trobes el nivell adequat a tu i entrenes per a augmentar-lo, saps que els resultats que obtens aniran en augment, oi?

De fet, si eleves el nivell de tensió per sobre del teu nivell adequat, i no et trenques res, et caldrà més temps per recuperar-te i perdràs oportunitats. Per contra, si rebaixes massa el teu nivell de tensió, la manca de moviment et portarà a perdre encara més oportunitats.

Per tant, cal que trobis el teu punt de tensió efectiva si vols aconseguir els resultats que desitges i, per a fer-ho, només caldrà que et facis una pregunta: Quan va ser l'últim cop que vas treballar cada dia en un repte estratègic de la teva empresa i vas aconseguir assolir-lo?

Aquell és el moment en què vas tenir el moment de tensió adequat. Tracta de recordar què perseguies, què feies cada dia i com et senties al final del dia.

I un cop ho facis, replica-ho:

- ✓ Pensant un nou repte; i
- ✓ Dedicant temps cada dia al mateix

¿Saps el que és i com pots vèncer la constant de l'empresa paral·litzada (CEP)?

Quan l'èxit i el fracàs paral·litzen per igual, només hi ha una manera de trencar aquest cercle

En el llibre "El curiós cas del gos a mitjanit" de Mark Haddon, hi ha un moment en què el protagonista descobreix que la seva por a actuar es basa en el fet que com més s'allunyi de casa més por té, però com més a prop hi està igual. Això fa que la seva por d'actuar sigui una constant i que ell quedi paralitzat.

A l'empresa, com a la vida, hi ha moments en què pateixes una por similar. Són moments crucials com un creixement que no volem perdre, un periode de mals resultats o un moment de redefinició estratègica, entre d'altres. La sensació és que facis el que facis, la por es manté constant. Com? Seguint la fórmula següent:

$$\text{Constant de l'Empresa Paral·litzada} = \text{Por d'actuar} + \text{Por de no actuar}$$

Com més avances més por tens i com més estona passes quiet més por tens. Això porta a un cercle que, com a empresari, has de trencar establint una estratègia, unes prioritats i una acció.

- ✓ Estratègia, per a definir on vols ser i, per tant, posar forma, color, olor i gust a on vols ser d'aquí a un temps determinat.

- ✓ Prioritats, per a marcar les fites del camí i així poder decidir com hi arribaràs, a quin ritme i començant per on.

- ✓ Acció, per a no quedar-te aturat en cap moment i així seguir avançant. Pot haver-hi moments de reflexió? Sí, però dirigits per la voluntat no la por.

I, un cop vas avançant, no deixis de redefinir l'estratègia quan és necessari, celebrar l'arribada a les fites que t'has marcat i mantenir la tensió que requereix qualsevol projecte d'èxit.

6

Apèndix

Manifest per a una mentalitat proactiva

La Proactivitat molt més que un adjectiu: és una manera d'actuar, un hàbit, una mentalitat que impregna tota l'empresa quan s'aconsegueix implementar.

És comú que molts empresaris em demanin com ser més proactius. La primera pregunta que els hi faig és sempre "Què és per a tu la proactivitat?"

No existeix una definició exacte de proactivitat. De fet, ni el Diccionari de l'Institut d'Estudis Catalans ni el Diccionari de la Real Academia de la Lengua Española tenen cap entrada dedicada a aquest concepte.

És per això pel que jo utilitzo una definició basada en aquests cinc requisits:

- No sol·licitat: si un client et demana que facis que com, ja no seràs proactiu.

- Rellevant: ha de ser interessant i aplicable al client a qui pretens ajudar.

- Valuós: ha de ser quelcom que marqui la diferència en el teu client, ja sigui en els seus números, gestió o vida.

- Gratuït en primera instància: has de donar el consell gratuïtament i, després, cobrar per la implementació del mateix.

- Sistemàtic: ha d'aplicar-se en tots i cadascun dels casos i en tots i cadascun dels moments.

Molts empresaris creuen que la proactivitat és quelcom que s'escriu als catàlegs, es promociona a la web o s'ensenya en un workshop de tècniques de venda als seus treballadors quan, en realitat, la proactivitat no és més que un principi que regeix el comportament de l'empresa i el seu equip davant de la societat.

I, quan començo a treballar amb empresaris de tot tipus, aquests estan esperant un manual, un mètode, un procés per a ser proactius i, si bé aquest procediment pot crear-se i implementar-se amb èxit, el que fa que la proactivitat es converteixi en part de la naturalesa de l'empresa i ja mai més no calgui preguntar-se com ser proactius és l'hàbit, el fer-ho sense adonar-te'n.

I aquest hàbit es regeix en uns principis que dirigiran el comportament de la teva empresa, però també en el teu propi comportament com a empresari o com a professional. Aquests principis rectors són els que fan que converteixis la proactivitat en quelcom més que una paraula o, fins i tot, un procediment. Són els principis que fan que la proactivitat impregni totes les decisions i accions que una empresa du a terme, des de les qüestions més estratègiques fins a les més tàctiques.

Aquests principis rectors, són els següents...

Tindràs la relació com a base del teu negoci

Per què Starbucks posa el teu nom quan demanes un cafè? Les relacions lliures i sinceres són la base de la humanitat i és gràcies a elles que avancem culturalment, socialment i econòmicament. Starbucks, posant el nom a la tassa, està creant un vincle que va més enllà d'una relació comercial i, enlloc de veure el client com algú amb uns diners que ells volen, el veuen com una persona amb qui cal construir una relació que pugui o no acabar en una venda. El mateix passa quan jugues a tennis en un club, fas esquí de muntanya amb amics o esmorzes amb un potencial client. El que de debò importa en aquests casos, no és la venda, sinó el vincle que estàs creant entre tots dos. Un vincle que pot ser profitós per a tots dos, malgrat no hi hagi cap venda pel mig.

Per exemple, podeu aprendre del vostres negocis i sectors, però també de la vida que seguiu cadascun de vosaltres, així com de l'última pel·lícula que heu vist... La relació, i només la relació, crearà un vincle prou gran com per a alimentar una futura operació comercial. I, en el pitjor dels casos, mantindràs una excel·lent relació amb algú de qui aprens.

Actuaràs, no reaccionaràs

No seràs proactiu esperant a casa. Com deia a la definició de proactivitat, un dels requisits és que no sigui sol·licitada, pel que has d'estar atent a tot allò que pugui ser rellevant i valuós pel teu client, però també has de crear un entorn on permanentment us poseu a prova, feu coses noves i canvieu coses que no funcionen. Planifica quants productes o serveis nous presentaràs cada trimestre, sorprèn als teus clients amb noves maneres de presentar-los o de presentar-vos, repta al teu equip a dur la iniciativa i a utilitzar el seu temps lliure a pensar projectes propis o, simplement, dirigeix la teva agenda i les cites amb els teus clients de manera que els ho posis fàcil, mentre aconsegueixes organitzar-te millor.

En definitiva, cal que l'empresa estigui entrenada per a moure's sola... sense que l'empenyin.

Ajudaràs al client

Escoltar, aprendre, conversar... Tot té un únic objectiu, que no és la venda, sinó el valor. Pensa en com pots ajudar encara més als teus clients i potencials clients, sense aturar-te mai en el que ja feies. Els diners són la conseqüència de tot allò que fem pels nostres clients, pel que pensa en què més pots fer per a ell i com més pots ajudar-lo a assolir els seus objectius, abans de posar-te a vendre més productes o serveis del teu catàleg. I això, es pot resumir en un simple verb: ajudar.

Pensaràs cada dia

La teva agenda està plena, reps butlletins, llegeixes informes, et reuneixes, vas a cursos... El problema és... quan tindràs temps per a aplicar tot allò que aprens o que vols dur a terme?

Quan va ser l'últim cop que vas dedicar una hora a pensar? I no, no em refereixo a estar connectat a internet buscant informació i fer-la encaixar en el teu proper informe, ni tampoc a escriure un pressupost per a aquest client que demana més peces... Sinó que em refereixo a temps 100% dedicat a pensar, res més. Com?

Seu davant d'un full en blanc, surt a caminar, vés en bicicleta o fes-te un bany. Hi ha moltes maneres de trobar la tranquil·litat necessària per a pensar però sempre tenim alguna excusa per a no fer-ho. El problema és que sabem perfectament que quan pensem obtenim resultats, pel que hauria de ser fàcil convèncer-nos per a fer-ho sovint, oi?

Conversaràs amb el teu client, com a mínim, trimestralment

L'ordre és el següent: conversa, coneixement, valor i negoci. Si parles sovint amb els teus clients i potencials clients, acabaràs guanyant més professionalment i personal. Vols una regla? Parla amb els teus clients, com a mínim, trimestralment; truca als teus potencials clients, com a mínim, dos cops l'any; i fes un cafè cada setmana amb algú que interessant. Les converses són la base de la relació ja que, sense elles, no hi ha res més. Per tant, promou-les a la teva empresa i fes que el equip no les vegi com una pèrdua de temps sinó com una manera de créixer professionalment. I, en aquestes converses, recorda la màxima: tens el doble d'orelles que de boques; per tant, escolta més que no parles. Fes bones preguntes i escolta atentament.

Escoltant aprenem.

Estimularàs les referències i les mesuraràs constantment

És una realitat que la majoria dels clients de la majoria de les empreses venen recomanats per altres clients, directa o indirectament. De fet, eines com Tripadvisor o Booking ho demostren i potencien. El problema és quan ens asseiem a esperar que els nostres clients trobin l'oportunitat i les paraules per a fer-ho. Desenganyat, no passarà tantes vegades com voldries i, per tant, estaràs perdent oportunitats cada dia.

Demana als teus millors clients que et donin tres noms, fes-los ofertes per a que les comparteixin amb els seus contactes, envia regals en nom de clients, agraeix i premia constantment les recomanacions...

Premiaràs al teu equip per la seva proactivitat, no per les seves vendes

Em demanen molt sovint com cal motivar l'equip per a fer allò que volem com a empresaris i la resposta és sempre la mateixa: no pots.

Recordo una empresa que, després d'haver provat sistemes de retribució basats en tot tipus de variables, com vendes, nombre de clients o facturació mitjana, va acabar acceptant que l'equip no faria el que ell volia. I això va ser així fins que va entendre que la retribució és una recompensa, no una motivació. Aquella empresa tenia un problema: els empleats més motivats no es veien recompensats, no econòmicament, sinó perquè no s'atenia a les seves idees i no se'ls oferien espais on poguessin desenvolupar-les amb suport de l'empresa. En el moment en què l'equip va veure com l'empresa promovia els valors de la proactivitat, la venda creuada va augmentar, les referències es van multiplicar i els ingressos van créixer en més d'un 10% en un sol any. I tu... quina cultura has impulsat a la teva empresa?

Res de plans, només estratègia
És bàsic planificar, però no fer un pla de negoci

En realitat, un pla és un procés pas a pas, mentre que habitualment, s'utilitzen els plans de negoci per a definir un estadi al qual volem arribar. Per tant, més que definir un pla, el que estem definint és un resultat final, que s'assimilaria més a la definició d'una estratègia que ens permeti saber quin negoci volem crear, per què i com.

A més, els plans de negoci estan pensats per convèncer algú que el teu negoci funcionarà, per exemple a un inversor, a un banc o a tu mateix; però, en realitat, tu saps que moltes de les coses que es posen en aquest pla són simples escenaris basats en elements que, malgrat que molts ho neguin, són plenament subjectius (com la quantitat de vendes que esperem fer en un, dos o tres anys vista). A més, no és el mateix crear una empresa per a vendre que crear un negoci que ha de perdurar en el temps.

Recordo que un client meu que estava creant el que actualment es coneix com a start up, i que no deixa de ser una empresa tecnològica de nova creació. Li vaig preguntar quin era el motiu de la mateixa: vendre-la o perdurar. Si la resposta és la primera, llavors el pla té sentit, ja que un inversor t'ho demanarà. Ara bé, si el que vols és fer un negoci perdurable, llavors hauràs pensar d'una altra manera: en l'estratègia a seguir per a aquest negoci, en l'impacte que volem que causi, en els valors que el regeixen, de manera que els plans es s'adaptin al pas del temps i les vicissituds que vagin apareixent en el camí. Perquè, no t'enganyis, quan comencis estaràs canviant aspectes permanentment i, mentre un pla et encotillará en una realitat imaginada, una estratègia et donarà la flexibilitat que necessites.

I com puc definir una estratègia per al meu negoci?

Molts clients em demanen que els ajudi a definir una estratègia per als seus negocis i, encara que molts d'ells ho plantegen com una cosa a treballar durant setmanes, i fins i tot mesos, en realitat, és una cosa que en dos o tres hores hauries de poder tenir dibuixat. Només cal respondre a les preguntes adequades i fer-ho d'una manera clara i honesta.

Aquestes són les 5 frases que has d'omplir de manera breu, per a després detallar-les en el teu dia a dia.

Existim per a...

Quin és el propòsit de la teva empresa? Aquest és el valor que obté l'usuari final, client o societat, de la teva empresa. Per exemple, Bill Gates, quan va crear Microsoft, tenia un propòsit molt clar: omplir les llars de tot el món d'ordinadors i, per a aquest propòsit, va crear un sistema operatiu que funcionés en qualsevol ordinador, així com programes ofimàtics compatibles amb qualsevol sistema. Tot i que la metodologia ha anat canviant (ara el sistema operatiu ja no és tan important), el propòsit es manté, i per això segueix sent una empresa d'èxit.

Oferim/fem/produïm...

Quin és el teu rol? Aquests són els productes i serveis que tenim, així com el nostre posicionament, localització ... Per exemple, què és la revista Forbes? Una revista d'empreses, per a empresaris. El seu lema ho diu ben clar: "Res personal, només negocis". Aquest lema defineix clarament el que és el paper de Forbes: parlar de negocis. I aquest és el seu paper, el seu sentit. Amb això clar, tot és molt més fàcil, oi? Un altre excemple és Gilette, que sap que el seu paper és el dels productes d'higiene masculina, res més.

Tenim èxit quan...

Aquests són els indicadors sobre els quals el nostre èxit serà jutjat. És a dir, són aquells resultats sobre els que els nostres clients podran avaluar la nostra aportació a les seves vides. Per exemple, sovint treballo amb clients que volen augmentar els seus beneficis, alguns indicadors que segueixo amb ells són el nombre de referències, el valor mitjà de les compres dels seus clients o el percentatge de conversió d'entrades a clients, per a citar-ne tres. Un altre aspecte seria el d'aquell directiu que vol tenir més temps per a la seva família, en què els indicadors poden estar relacionats amb les hores treballades, però també amb les tasques delegades o la resposta dels seus equips.

Invertirem temps, diners i esforç en...

Aquestes són les grans àrees de millora o canvi que has activar per a aconseguir els resultats desitjats. Aquesta és la part executiva de l'estratègia, i això és una cosa que hem de tenir clara, l'acció: volem vendre això, volem ser això, els nostres clients obtenen aquests resultats, però per aconseguir aquests ens centrarem en aquestes àrees concretes. Per exemple, Floïd, l'after-shave que va potenciar Joan Baptista Cendrós a mitjans del segle XX, va centrar els seus esforços en dues àrees que li van permetre convertir-se en una referència en el món de la higiene masculina: publicitat i internacionalització. En la primera àrea, va ser de les empreses que més va utilitzar l'art en els anuncis en premsa, de manera que va identificar la marca a un estil concret. La segona prioritat va ser la internacionalització, aconseguint que Floïd sortís d'un mercat tancat com el de l'Espanya franquista, i obtingués grans resultats en països com els Estats Units.

El que ens diferencia d'altres en el nostre sector és...

Quina és la cultura de l'empresa que influencia el nostre comportament? La frase és completa, i així ha de ser-ho. No es tracta de definir valors que venguin simplement, sinó el establir certs principis que dirigeixin la forma de liderar, treballar i comportar-se davant la societat. Per exemple, em vaig trobar una empresa que, entre els seus valors, destacava que "l'equip és el primer". No obstant això, mentre observava la seva forma de treball, em vaig adonar que, quan un client demanava, de manera habitual i sense motiu, les coses urgents, des de direcció no s'admetia una altra resposta que "El client és el primer" o "el client sempre té raó ". No passa res per tenir aquest principi com a part de la teva estratègia, però no pot haver-hi dos primers, i sempre s'ha de triar un d'ells. Passa el mateix quan, com a empresari, dius que la teva família és el primer, i en canvi sempre tries treballar en lloc d'estar amb ella. Per això, en pensar en quins principis dirigeixen la teva empresa, pensa sempre que aquests principis haurien d'anar acompanyats d'un comportament coherent amb els mateixos.

7

Fes-ho possible

Els resultats vindran si treballes a consciència, per tenir més informació de la teva empresa i segueixes els consells que t'he donat per a optimitzar-la.

I ara, com he comentat al principi, t'animo a posar-te a treballar recordant-te que aquest llibre no ha de ser una simple lectura per pensar i res més, sinó que cal que passis a l'acció i comencis a fer coses. Per tant, et recomano que:

1. Torna'l a llegir pas a pas i pren notes.

2. Llavors descansa un o dos dies.

3. Torna a valorar tot el que has anat anotant i llegeix el llibre novament, subratllant aquelles àrees on sigui més important centrar-te.

4. Planifica el teu negoci abans de posar-te a escriure un pla.

El teu pla d'acció

¿Quina és la prioritat que, per a cada área, començaràs a treballar avui mateix?

Mentalitat
___

Màrqueting
___

Monetització
___

Metodologia
___

Mètriques
___

"Una acció imperfecta supera a una perfecta conceptualització" Alan Weiss

8

Qui sóc i en què et puc ajudar

El Proactivista

Ajudo les pimes a créixer i prosperar

Sóc l'Oriol López Villena, i sóc l'assessor de confiança d'empresaris i directius, a qui ajudo a fer créixer i prosperar els seus negocis, amb una definició clara de l'estratègia i una orientació total a l'acció i la millora continuada. Autor dels llibres "L'empresari proactiu", "Un despatx amb estratègia" i "Creant una empresa d'èxit", sóc un dels assessors més inspiradors del món segons el llibre "The world's most inspiring accountants".

Que faig

Treballo amb empresaris que volen pensar i actuar sobre la base d'una estratègia clara, per a millorar els seus resultats i qualitat de vida.

Com ho faig

- ✓ Formulant estratègies de valor per al creixement dels beneficis

- ✓ Creant una cultura orientada a l'acció i els resultats

- ✓ Millorant la gestió de les prioritats d'empresaris, CEOs, directius o consells de direcció

M'agrada adaptar els meus serveis a les teves necessitats, pel que si em dius el principal repte que afrontes, et mostraré com puc ajudar-te.

Envia'm un email a oriol@oriolopez.com i parlem dels teus reptes.

Vols rebre El Proactivista cada setmana?

Com ja t'he dit al principi, aquest és un el primer recull dels articles que envio setmanalment a empresaris i directius de tot el món, que volen créixer, prosperar i deixar un llegat.

Si vols rebre'l cada setmana, només cal que vaig a la meva web (www.oriolopez.com) o que m'enviïs un email demanant-m'ho (oriol@oriolopez.com)

Estaré encantat de donar-te la benvinguda i enviar-te més material i recursos, per a que puguis començar a millorar avui mateix.

Contacta amb mi

Oriol López Villena

Av. Vallcarca, 158

08023 Barcelona

+34 932118296

oriol@oriolopez.com

http://www.oriolopez.com

http://twitter.com/oriolopez

https://es.linkedin.com/in/oriolopez

http://www.facebook.com/elproactivista

www.ingramcontent.com/pod-product-compliance
Lightning Source LLC
Chambersburg PA
CBHW030856180526
45163CB00004B/1599